性格影响力

郑一群 ◎ 编著

XINGGE
—— YINGXIANGLI ——

北京工业大学出版社

图书在版编目（CIP）数据

性格影响力 / 郑一群编著． —北京：北京工业大学出版社，2015.4（2022.3 重印）

ISBN 978-7-5639-4248-0

Ⅰ．①性…　Ⅱ．①郑…　Ⅲ．①性格－通俗读物　Ⅳ．①B848.6-49

中国版本图书馆 CIP 数据核字（2015）第 053948 号

性格影响力

编　　著：	郑一群
责任编辑：	杜曼丽
封面设计：	胡椒书衣
出版发行：	北京工业大学出版社
	（北京市朝阳区平乐园 100 号　邮编：100124）
	010-67391722（传真）　bgdcbs@sina.com
经销单位：	全国各地新华书店
承印单位：	唐山市铭诚印刷有限公司
开　　本：	787 毫米×1092 毫米　1/16
印　　张：	14
字　　数：	165 千字
版　　次：	2015 年 4 月第 1 版
印　　次：	2022 年 3 月第 4 次印刷
标准书号：	ISBN 978-7-5639-4248-0
定　　价：	39.80 元

版权所有　翻印必究

（如发现印装质量问题，请寄本社发行部调换 010-67391106）

前　　言

性格成就人生，虽然是老生常谈，但是又令许多人感到诧异。性格真的会影响人的命运吗？倘若如此，在这多舛的人生中，人们将何去何从？

有人可能会辩解说，世间男女不必为他们的行为负责，因为行为是性格的产物，而且他们也不必为性格负责，因为性格是与生俱来的。殊不知，性格并不纯粹是与生俱来的，性格更多的是在后天逐渐形成的。

性格是人对现实的态度和行为方式中比较稳定的心理特征的总和。性格表现了人们对现实和周围世界的态度。每一个人都是自己行为的实施者，因此，从行为中就能体现出各自的性格。同时人们又是自己命运的支配者，人们有能力改变、实施自己的行为，而随着人们性格发展和变化，命运也就随之发生了改变。因此，性格决定着命运，性格成就着每个人的人生。

有些人勤勤恳恳、兢兢业业地工作，但是他们仍然与成功无缘，平庸依然伴随着他们。这是命中注定的吗？不是！这是

他们没有读懂自己的性格。

每个人来到这个世上,都肩负着不同的使命,都有着不同的性格,只有在一生中具备完善的性格,才能找到成功之路,否则就可能与成功无缘。

本书着重从性格的自我认识,培养自信乐观、积极向上、持之以恒、坚定执着等性格,以及如何走出不良性格的迷雾等方面进行了深入分析,使读者在认识自己性格的同时,学会不断完善自己的性格。因为,性格成就人生!

目　录

第一章　认识自己隐藏在心里的性格

你是否是自我型的人 ………………………………… 3

你是否是完美型的人 ………………………………… 7

你是否是思考型的人 ………………………………… 10

你是否是主导型的人 ………………………………… 13

你是否是谨慎型的人 ………………………………… 17

你是否是成就型的人 ………………………………… 20

你是否是乐观型的人 ………………………………… 23

你是否是助人型的人 ………………………………… 26

你是否是协调型的人 ………………………………… 29

第二章　培养自信乐观的性格

缺乏自信如浮萍 ……………………………………… 35

用自信添加成功的资本	38
永远地相信自己	40
满怀必胜的信念	41
快乐的钥匙在自己手里	42
自信的人充满勇气	44
做自己生命的主人	45
勇于改变自己	47
独一无二的你	48
告诉自己"我能行"	50

第三章 培养积极向上的性格

具备永恒的进取心	55
学会自我欣赏	57
具有积极的人生态度	58
机会靠自己把握	62
满腔热情地工作	64
追寻生命的价值	67
机会不偏向任何人	70
保持平常心	71
期待自己做得更好	74
把握现在，展望未来	76
做好你的人生规划	78

目 录

第四章　培养持之以恒的性格

勇敢地面对挫折 83
毅力带来奇迹 85
积少成多创伟业 87
恒心比力量更重要 88
在哪里跌倒，就在哪里爬起来 90
寻找沙漠里的绿洲 92
逆境也是一种财富 94
毅力犹如弹簧 96

第五章　培养坚定执着的性格

具备永不言败的精神 101
自古好事多磨 104
勇往直前 107
学会不断探索 109
一切向前看 112
切断自己的退路 113
个性铺就成功之路 114
没有做不好的事 116
敢为天下先 118

开发自己的潜能 ………………………………………… 120

第六章　培养热情开朗的性格

一缕心灵的阳光 ………………………………………… 125
希望推动你走向成功 …………………………………… 126
向着目标前进 …………………………………………… 129
责任心对工作的重要性 ………………………………… 131
突破心灵的枷锁 ………………………………………… 133
每天都是新的开始 ……………………………………… 135
具有创新的精神 ………………………………………… 137
热情的效应 ……………………………………………… 140
激发你的热诚个性 ……………………………………… 142
热情助你走向成功 ……………………………………… 143

第七章　培养温和友善的性格

学会发自内心地赞美他人 ……………………………… 147
朋友多了路好走 ………………………………………… 148
抛弃唯我独尊 …………………………………………… 149
学会换位思考 …………………………………………… 151
养成良好的风度举止 …………………………………… 153
学会以理服人 …………………………………………… 155

目 录

学会聆听 156

原谅伤害过你的人 159

学会幽默 160

争取好人缘 162

善待你的对手 164

第八章　走出不良性格的迷雾

多疑有碍成功 169

摒弃优柔寡断 170

不要轻易冲动 171

克服自卑的心理 173

远离忌妒 175

做人不要过于悲观 177

走出恐惧的阴影 179

不要轻易发怒 180

第九章　性格优秀的人更容易获得成功

拥有一颗仁慈的心灵 185

具备无畏的勇气 188

做一个正直、善良与仁爱的人 191

性格的伟大力量 194

不要锋芒太露 ………………………………… 196
聪明过头反被聪明误 ………………………… 199
小人不可得罪 ………………………………… 201
　"争"与"让"的选择 ……………………… 202
喜怒不形于色 ………………………………… 205
培养正直的品格 ……………………………… 207
塑造强者的个性 ……………………………… 209

第一章 认识自己 隐藏在心里的性格

虽然每个人的性格各不相同,但是只要你真正认识自己隐藏在心里的性格,就可以决定你一生的命运。如何让自己的性格产生强大的力量,并积极地影响自己的命运,这是每个人的当务之急。因此,立即行动起来,去发现自己隐藏在心里的性格吧!

第一章
认识自己隐藏在心里的性格

你是否是自我型的人

自我型的人主要有以下几种特征。

1. 渴望感动又多愁善感

自我型的人时常处于烦恼之中,他们富于同情心,和其他有烦恼的人能合得来,能了解他人微妙的情感。喜欢帮助有烦恼的人,直到对方完全摆脱烦恼的缠绕。

自我型的人一方面渴望被感动,无论是喜、是怒、是哀、是乐,当他们强烈地感受到时,能体会到人生的意义。他们对生、死、性、深沉心理等方面都怀有浓厚的兴趣,容易被对此进行挑战的人所吸引。另一方面,他们不喜欢表面的泛泛之交。

自我型的人容易陷入忧郁状态,常常后悔"当初要是不那么做就好了",把自己和外界隔绝开来。然而他们不回避忧郁或暗淡的情感,而是将其看成一种自然的心理状态坦然地接受和理解。在自我型的人中,有一些人表现得过度活跃,以此来摆脱忧郁,但是大多数人只是体验忧郁。对他们来说,体验忧郁才能探索人性的奥秘,也有不少人通过体验忧郁来逃避由失落感和苦恼而产生的压力。

2. 渴望与众不同但又缺乏自尊心

自我型的人容易表现出高尚的趣味和优雅的姿态，他们大多具有神秘的迷人品格，让人信任。他们富于形象表现力，极富创造的姿态给人以良好的刺激。自我型的人的审美观、高尚的趣味和优雅的姿态是他人所羡慕的，有助于提高周围的人文氛围。

自我型的人避免平凡，因为他们自以为与众不同，所以在谈及自己的人生时，总想表现出如何与众不同。当被他人称作有个性时，自我型的人会喜形于色。即使在与朋友交往时，也会给人一种充满优越感，高人一等的印象。他们认为周围的人难以理解自己，所以不愿让人了解自己的内心世界。

自我型的人经常摆出一副优越的姿态，自以为别人难以理解自己。自认为所经历的痛苦和孤独感，他人不可能理解。自以为优越和特殊，其实是这类型的人自卑感的另一面。认识到自己渺小的自我型的人，自尊心是弱的。培养高尚的趣味、树立具有戏剧性的印象以及艺术性的表现等，都是为了恢复自尊心所做的扎扎实实的努力。稍稍碰到一点不顺心的事，他们就会有失落感，觉得自尊心受伤害，进而闭门不出。为此，他们时刻有危机感，总想寻找人生的安全港。

另外，对于伤害自己的自尊心的人，他们在思想上决定与其彻底决裂，但在行为上既不会不理睬对方、口出恶言，也不会进行报复。装作若无其事的样子与对方交往，而在内心里鄙视对方。就好像把对方当作已死之人，在其墓前亲手献上一束鲜花一样。这种行为可以说是自我型的人自卑的产物，是试图维护自尊心的表现。

3. 追寻失败的事物而内心充满矛盾

自我型的人还可以根据他们所处的状态分为三种类型：时常处于低潮、时常处于活动过渡状态以及处于两者之间的状态。

时常陷入低潮的自我型的人，会因为探寻内心丢失之物而把自己和外界隔绝开来。处于活动过渡状态的自我型的人，则以完全相反的姿态对待工作和爱情。他们通过在周围寻找幸福，试图找到所追求的东西。在这两种状态之间的自我型的人，扮演悲剧的主人公，从中体会激烈的情感和戏剧性，有些人甚至表现出自我毁灭的倾向。

这三种类型的人常常都处于苦恼中，他们总是在追求百分之百的满足。实际上，他们所能感受到的是两种极端的情感，很少能体会到两者之间的幸福感或平凡的满足感。

感受力强的自我型的人能很快理解他人的情感，并不知不觉地与其保持一致，有时甚至分不清是自己的还是他人的情感。他们能够准确地理解同事或家人的心情，由此适时地把握表达爱情或推心置腹谈话的时机。

自我型的人中有不少人会同时做两种工作，一种是为了维持生计，一种是为了自我满足，这样，他们才体会到自己所追求的到底是什么。

4. 不满足于现实，永无止境地追求

对自我型的人来说，不论目前处于何种状况，他们都深信真正的人生还没有开始。哪怕已经成果丰硕、功成名就，他们的注意力仍然朝向生活中失落的、不完美部分，始终不满足于现状。如果从事自己感到有意义的工作，他们就想成为工作上的佼佼者，成了佼佼者后又想要得到爱情，得

到爱情后又会去寻找孤独。

他们认为现实既乏味又无价值，因而无法接受。为了承受这个既乏味又无价值的现实，自我型的人离不了感情的起伏。不论好坏，只有体会到感情的起伏，才能感受到远远胜过舒适和幸福的真正的人生滋味，才能确认自己是与众不同的。在别人看来，自我型的人仿佛是在戏剧中的主人公。哪怕扮演的是饱受痛苦的角色，他们也会感到幸福，因为只有这样，才能摆脱平庸的人生，发挥自己的独特性。

相反，对人生的渴求，使他们忌妒那些已经得到自己所追求的东西的人，认为别人得到的幸福，是自己梦寐以求而难以得到的。

忌妒更促使他们去追求没有得到的东西，强烈的忌妒心使他们不怕障碍勇往直前，倾注大量的精力和时间，去追求想要的东西。然而，一旦目的达到，他们又会从中找到缺点，兴趣又转向"还没有到手的东西"。

自我型的人从忌妒和对现状不满足的循环往复中获得独创性。他们憧憬能够不做作地、自然地表现自我，但是又意识到自己在演戏。他们通常事先独自排练之后才在别人面前表露自己，而且往往表现得有些夸张。自我型的人在日常生活中总是想着怎么样才能表现感动，怎样才能使自己显得与众不同。

第一章
认识自己隐藏在心里的性格

你是否是完美型的人

完美型的人主要有以下几种特征。

1. 认真勤奋

有上进心和坚强意志的完美型的人,因为做事既勤勉又诚实,所以工作的精确度一般都很高。他们具有细致而正确了解工作和人的聪明的头脑,事前认真准备,事后不忘整理归位,令人钦佩。

另外,完美型的人为人坦率,善于与周围的人友好相处;讨厌谎言,正义感强;不只自身向上,而且为了周围的人能向上发展,也会不辞辛苦。所以这个类型的人作为朋友非常可靠。

完美型的人喜欢每天早上在固定时间、固定路线上慢跑,在上班的电车上学习外语和准备资格考试,把所有的时间都用在有积极意义的事情上。对他们来说,认真完成工作非常重要,为了不放过一个小小的错误,他们往往会反复检查。看报纸的时候,看到贪污和卑劣的犯罪事件会非常气愤,走在街上,对不文明的年轻人会感到厌恶。

2. 对他人不宽容

完美型的人一方面要求社会和他人都像自己一样有上进心、有道德感,但是周围并不存在他们所期待的完美,为此,他们常常很失望和愤

怒。他们不宽恕自己的错误,也难以宽恕他人的错误,对不同的想法缺乏包容。由于这些特点,完美型的人具有不同寻常的批判力。

另一方面,完美类型的人常拿自己和他人做比较。他们的比较很准确,但是因为只有一个是对的,所以如果确认他人比自己优秀,便必须承认自己差。由于在比较中意识到自身不完美,就容易产生忌妒、反感、不满或愤怒的情绪。

3. 压抑愤怒的弊端

完美型的人最糟糕的是压抑怒火,而怒火不到临爆发时他们不会察觉。完美型的人认为,不断发泄不良情绪是极坏的事情。因为随便发火的人就不是完美的人。于是,心中虽然涌动着不满,却做出冷静温和的样子。

但是,压抑怒火总有极限,当再也压抑不住时,怒火就会爆发出来。爆发的频率因人而异,有的人一年数次,有的人一生才有几次。爆发的方式大多为批判他人的错误,因为发无名之火是不对的,所以愤怒得有正当的理由。但是,理由大多是一些无关紧要的小事,所以被批评的人莫名其妙:"为什么会提那些小事?"

此外,有些完美型的人通过双重生活保持自己的平衡。在他们的心中,存在自我批判和自我欲求双重结构。通常自我欲求被自我批判所压抑,有时自我欲求从压抑下挣脱出来。

还有些人为了抵制内心强烈的自我批判,会大量喝酒,从而酗酒。否则,压抑感强烈的完美型的人会表现出强迫症的症状。

4. 逃避愤怒，追求完美

许多完美型的人很小的时候就被寄予很高的期望，孩童时代就具有辨别自我行为正确与否的能力。这个能力非常强大，不容抗逆，它所示意的"正确"，不断压抑自己的欲求，不想拓展真性情的精神空间。因而并没有意识到强烈的自我倾向。

在完美型的人看来，所谓"正义"就是正确、善良和公正。其终极目标是完美。完美型的人认为在各种情况下，自己只有一个正确的选择。所以，他们总是说"一定……"、"应该……"，等等。

完美型的人尽管追求完美，但并非事事都做得完美。相反，对不能做到完美的事情，他们常常甩手不干，压抑欲望的结果是产生挫折感，这是愤懑和焦躁的原因所在。所以即使是平日说话，他们的声调大得像在吵架。焦躁和愤懑是内心欲求和自我批判之间紧张感的表现。

而且，在"如果不完美，就不会被社会所接受"的观念驱使下，他们甚至在别人不在意的地方也进行自我批判和自我辩护。此外，对业已了结的事情，他们往往也会旧话重提，经常搞得周围人不胜其烦。

不过完美型的人一旦承认过错，就会谦虚地、一点一点地补偿过失。另外的特点是，他们是所有类型中忍耐力最强的。只要知道如何达到完美，就会为此投入巨大的努力。

对善良的过度执着，意味着他们总想规避坏事。这样，在做决定时会产生很大的内心矛盾。假如是自己决断，就是内在真正的愿望和想做得正确的追求之间的矛盾。如果选择了正确的道路，会忧虑不能实现自己真正的愿望。反之，又会担心做错事。

结果，他们的选择是不快乐的。害怕被人瞧不起和担心违背勤勉美德的想法萦绕脑际。他们越是担心，就越是怀疑别人是不是在背地里批评自己，并为此痛苦。

特别是在工作中做决定的时候，不可能完美无缺，但他们不愿勉强地决定后而受人批评。这也不行，那也不行，一拖再拖，迟迟不做决定，这样的作风给人一种缺乏决断力的印象。

你是否是思考型的人

思考型的人主要有以下几个方面特征。

1. 喜好孤独，与情感保持距离

对思考型的人来说，自己的判断力和思考力会因为周围人的影响受到干扰，他们不善于在别人面前表现真正的自我，喜欢一人独处。因为外界充满倾轧和危险，如果隐私受到侵害，将难以忍受。他们喜欢独处，在空想中邀游，整理心中杂事，反观自身。但是，他们中的大多数人之所以这样，绝不是讨厌与人交往。因为在他们看来，比起与人接触时的距离感，事后独自慢慢品味与他人的对话或发生的事件，会让他们觉得与人的距离更近。思考型的人认为，维系人与人的关系，没有必要频频接触，在短短的接触后，即使一人独处，也会想起对方，回味其中情趣。

孩提时代的思考型的人，由于有缺乏家庭温暖的寂寞，或事事遭到父母干涉的郁闷，品尝过感情饥渴和不安，因此总想回避涉及感情的事情。对他们来说，躲避感情的最好方法就是不要直接敞开心扉。久而久之，即使和想敲开自己心扉的人交往，也能不为所动。

思考型的人是消极与孤独的。在试图扭转不利局面时，当有人不按章法乱来时，他们不会去改变对方，自身也不做任何反应。然而，不反应仅在与对方接触时。他们将与对方接触时获知的信息带回家，单独分析。他们认为避免卷入感情纠纷的最好方法是无所求。

但是，他们并没有意识到自己不重感情，当听到周围人说自己"没有激情"时，他们会感到很意外。他们一点也没有觉察到自己有这种特性。

在周围人的眼中，思考型的人好像很寂寞，很孤立，但是他们却认为最好最有活力的时候，就是一人独处之际。在闲暇时间里，他们脑海里充满了快乐的空想和有趣的问题。除非在极其孤独的状态，他们即使独处，也不会感到无聊。

2. 富于智慧，冷静思考

思考型的人因为具有与自己感情保持适当距离的才能，总是能冷静地考虑问题，即使面临压力，思考能力也不会下降，能够对事物准确地做出判断。他们理解力强，能够洞悉他人言语背后的深意和各种事情的真相。思考型的人的魅力不仅表现在言语上，他们还擅长以动作、表情等来表现。

思考型的人富有责任感，他们忠于职守，安于本分，非但不会侵犯他人，反而会给对方合适的建议。他们不喜欢评论他人，他们外表文静，却常会用与其外表迥异的幽默，来调和周围的气氛。

思考型的人有回避空虚的"误区"，把自己的空虚归罪于周围人的浅

薄。他们远离人们,以自己的眼光观察现实,形成自己的想法,并试图自圆其说。

3. 通过理解一切而表现出与众不同

思考型的人通过避免与人产生过深的关系而确立自我价值。当不得不在人群中周旋时,他们倾向于泛泛之交。喜欢在不同的生活中拥有不同的朋友和兴趣。对他们而言,把生活分成几个不同的部分是一种智慧,这样可以维护自己、避免过于暴露私生活。思考型的人和对方稍稍接触就能得到许多信息,所以泛泛之交就足够了。比起涉及自己内心世界的话题来,他们更喜欢讨论各自的爱好、讨论彼此感兴趣的话题,或者以别人为话题。他们总喜欢扮演"旁观者"。

他们还喜欢学习心理学、占星术等方面的知识,这些学问能把人的各种纷繁复杂的特性整理得井井有条。思考型的人不喜欢和人深交,以免陷入复杂的人际关系。他们选择用头脑来理解情感。只要理解情感,就可以既避免卷入其中,又能轻松地讨论关于人们内心世界的话题。

4. 热衷于知识,不谙人事

思考型的人在做某件事前,总是设法搜集所有的信息,以便能及时应变。一旦发生预料之外的事情,思考型的人会措手不及。只有发生的事不超出预想的范畴,他们一般都能比较冷静地处理。

思考型的人独立性强,不会刻意去博取他人的好感。他们喜欢自由的处境,尤其是经济上的独立,这首先是因为害怕空虚。他们认为过强的物质欲望容易加深内心的空虚。其次,他们不愿意因为过分依靠别人而导致他人侵入和扰乱自己的内心世界。所以，他们给人的印象往往是省吃俭用，还有点小气。他们认为，金钱能用来保护个人隐私、获得良好环境和自由支配的时间，除此之外，不愿付出更多。

此外，思考型的人不惜付出时间和精力来充实自我。孜孜以求的既不是人也不是物，而是知识。对于他们而言，唯有知识才能填补空虚。这一点和他们试图预知未来、对系统探索人性复杂性的学问感兴趣有关，也是他们敏锐的观察能力的源泉。

你是否是主导型的人

主导型的人主要具有以下几个方面特征。

1. 疾恶如仇，崇尚正义

主导型的人对权利保持高度警惕，所以如此，是因为他们害怕自己成为不公正权利的一分子。另外，他们会判断一个人是否公正，有多大能耐。通常会抓住对方的弱点，观察反应。因为他们能一眼发现别人的弱点，总是设法向对方的弱处进攻。

主导型的人对于暧昧、缺乏一贯性、指挥系统混乱十分敏感。他们喜欢"非黑即白"的态度。暧昧、缺乏一贯性的人、缺乏明确指挥系统的组织都会威胁他们的安全，其本身也很脆弱，所以是难以容忍的。相反，只要拒不妥协，保持态度一贯，哪怕是对抗的敌手，主导型的人也会表示敬

意。可敬的对手一旦做出妥协的姿态，敬意就会立即消失。因为不黑不白的状态是难以接受的。

主导型的人喜欢处于领导和支配地位，周围的人处于服从地位，这样才觉得安全。他们讨厌行动受到限制，既想拥有建立规则的权利，也想拥有打破规则的权力，所以常常自相矛盾：要求别人遵守规则，自己却频频违反规则。

盛气凌人的主导型的人决不放过哪怕是小小的错误，害怕细小的疏忽导致事态恶化。他们往往出人意料地发现细小的失误。对于什么事都想洞察纤毫的主导型的人来说，正因为如此，所以才不可原谅，但别人却无法理解他们为什么这样生气。

2. 追求权利和支配，掩饰自我虚弱

主导型的人是非常强硬的人，随时准备与他人斗争，认为揭发他人不正当的行为和伪善行为是自己的使命。厌恶明哲保身的处世态度，诚实而又开朗的性格使他们可以和任何人推心置腹。他们不畏艰难，敢于负责，是值得信赖的领导。他们也善于向周围的人表明立场。对于值得信赖的人，不惜花费时间和超常的精力。

主导型的人的误区是权力欲和支配欲强，并有隐藏自己弱点的倾向。他们强烈期望当领导，当别人服从自己时才感到安全。把自己看成保护者，挺身保护弱者，对抗一切不公平。对权利的渴求是主导型的人成就大事业的力量源泉。

主导型的人在儿童时期经历过许多争斗，很早就形成了强者受尊敬、弱者遭轻视的价值观。他们由于害怕成为弱者而学会了保护自己的方法，

也能敏感地观察到他人的敌意。

对他们来说人生就是角力场，他们最大的愿望就是当上首领，最关心如何建立势力范围，想控制有可能影响自己生活的一切人和事。认为有义务对周围人的虚伪和不法行为保持警惕并将其公之于众。

主导型的人对别人操纵权利和行使主导权十分警惕。认为对那些自以为是的人应该毫不留情。他们讨厌为他人所左右，希望把他人的影响降低到最小限度，总想了解有关周围人的一切，以便排除未知因素，把握局势。

3. 对自己内心的愿望浑然不觉

主导型的人的一言一行都是光明正大的，他们会直截了当地告诉别人自己希望得到什么，可是因为不能正视自己的内心，所以不善于表达真正的愿望。他们时刻关注外部世界，捍卫正义、寻找攻击对象，是因为害怕审视内心，担心发现自己和他人一样卑怯、脆弱。他们认为自我质疑、探寻自己真正的愿望是一种妥协，所以从不对自己提出怀疑。

他们似乎总是寻求发怒的对象，只要一发火，就不会怀疑自己懦弱，或不会被所信赖的人背叛，他们的恐惧就会立即消失，一瞬间变得强大无比。主导型的人最大的特征是不加掩饰地表示愤怒，为自己直言不讳的态度而自豪。但是，如果因发怒而失去朋友，就又会陷入自我厌恶。他们会十分惊慌。

主导型的人易走极端，往往过分依赖性、药物、酒精等，有自我毁灭的倾向，喜欢彻夜狂欢，不玩到东倒西歪不肯罢休，借此来逃避无聊。但是，过分寻求刺激，反过来又削弱了审视自己内心世界的能力。虽然从消

耗精力中感到充实,实际上是为了麻痹自己。

4. 通过与人争斗,实现自我目标

人们很少从主导型的人脸上看到温柔的表现,他们往往给人可怕的印象。即使对自己喜欢的人也不是通过柔和的语言,而是以行动保护对方来表达自己的感情。他们认为有支撑爱情的责任,爱情就是保护对方,给对方提供安全。

主导型的人容易和人对抗,不过其中有许多是爱的表现。试图通过对抗来摸透对方的心思。他们认为这样能看清事实,他们觉得别人都很脆弱,容易上当受骗。另外,他们还以吵架的方式来表达想和对方亲近的愿望。

主导型的人很关心对抗是否公平,欣赏那些受到攻击也不肯轻易改变意见的人,看不起逃避对抗的妥协分子。对他们而言,对抗是一种享受,而且更喜欢与势均力敌的对手对抗,不喜欢轻易获胜。面对强敌时,他们会感到力量倍增。这是他们了解事物真相的力量源泉,也是达到目标必不可少的条件。对于他们,公平的争斗是没有胜负的,赢了可以制服对方,固然值得高兴。即使输了,也因为对手公正强大而感到值得尊敬。

第一章
认识自己隐藏在心里的性格

你是否是谨慎型的人

谨慎型的人主要具有以下几个方面的特征。

1. 洞察他人内心，事事寻求公正

很多谨慎型的人在儿童时期受到"难以信赖的"父母的粗暴对待，认为有必要认清父母的行为。由于父母在教育孩子上没有一贯的方针，所以孩子必须学会仔细观察并预先觉察到威胁。这样，谨慎型的人养成了觉察他人内心的能力。同时，他们也常常对他人抱有疑心。

谨慎型的人一方面对权力者抱有不信任感，另一方面对能保护自己，使自己摆脱恐惧的权力者特别依赖。相反，对于攻击自己弱点的权力者却十分反感。他们的这两种态度表现为服从能照顾自己的企业或保护者，但对权力通常具有的阴暗面持有高度的警惕或反抗态度。

谨慎型的人以是否公平来判断某种权力是否正当，以及权力的行使是否正确。如果权力被正确行使的话，他们会表现出恐惧型的一面，即对权力尽忠。反之，则会表现出对抗恐惧型的一面，挺身对抗权力。

谨慎型的人认为自己所有的诺言都必须一一执行，无论发生何种变化，他们都会固守诺言。对谨慎型的人来说，最重要的诺言就是法律。由于过分拘泥于法律条文，他们往往给人以官僚主义者、死脑筋的印象。

谨慎型的人自认为能透过表面看清事物的真相。由于害怕被人利用，

他们时时谨防花言巧语，对温柔的对手更是警觉。他们总是仔细观察对方，试图摸透对方的心思、巧妙地指出对方的矛盾之处。

2. 具有由怀疑权力而产生的两面性

谨慎型的人出于使命感或对他人的责任感，哪怕牺牲自我也在所不惜。他们不大在意眼前的成功或名誉，相反，为了自己所抱的理想不惜付出全力，不求回报地努力。由于他们具有敏锐地洞察他人内心深处的能力，又能对弱者的处境产生同情，所以，谨慎型的人在合适的环境中往往给人以善良、深情、乐于助人的印象。只要遇到值得信赖的伙伴，哪怕吃亏，谨慎型的人也会为了自认有价值的东西勇敢地一决胜负。

谨慎型的人对权力总是持怀疑态度，内心隐藏着恐惧。因此，他们总是在不断寻求安全。他们的误区表现为两种截然不同的类型：一种是恐惧型，另一种是对抗恐惧型。偏向于恐惧型的谨慎型的人显得疑心重重，看起来十分害怕。他们遇到任何场面都不知所措，总是试图以分析来取代行动。对矛盾、怀疑等不利于自己的否定性因素特别敏感，却不善于采取行动。为了获得安全，他们往往寻求拥有权力的人，对他们效忠。

相反，对反抗恐惧型的谨慎型的人，往往以挺身克服恐惧来寻求安全。他们往往同情弱者或遇到困难的人，甚至主动去帮助弱势的一方。对他们而言，重要的不是谁强谁弱，重要的是谁敌谁友，他们会为朋友两肋插刀。

虽然恐惧型与对抗恐惧型看起来是截然相反的两种性格，但两者都是出于恐惧，都以寻求安全为目的。而且，恐惧型和对抗恐惧型往往在同一个人身上表现出来。因此，并不能将谨慎型的人简单地划分成恐惧型和对抗恐惧型,即使同一个人也可以同时具有两种相反的倾向。就这一点而言,谨慎型的人的复杂个性难以凭借他们的外在言行来掌握。

3．不关心自己的内心状态,缺乏行动力

谨慎型的人虽然擅长洞察他人的内心,却不了解自己的内心世界。他们的注意力是朝向外部世界的。当感受到威胁时,这种倾向会更加明显。他们往往把自身受到的威胁归因于他人的恶意。

一方面,谨慎型的人不善于用语言来表达感受,在不得不表达时,往往缺乏逻辑并带有攻击性。他们生怕由此而破坏人际关系,即使对自己讨厌的人,也会表现得温文尔雅,言听计从。

另一方面,谨慎型的人因为害怕按照自己的意志行事,所以大多缺乏行动实施的能力。当然他们并没有意识到自己在拖延。他们觉得这是行动之前必不可少的准备,认为做任何事都必须事先倾听正反两方面的意见。在周围的人眼中,他们太多虑了。而谨慎型的人却认为没有正确的意见就难以驳倒反对意见,认为透彻的分析能力比行动能力重要得多,所以工作往往一拖再拖,有些计划甚至半途而废。

4．充满想象力,消极地看世界

谨慎型的人的上述特点使他们具有消极的想象力。这种消极的想象力总是使他们设想最坏的结果,根本不愿去想好的一面,就确信"最糟糕的事将要发生"。他们认为只看光明的一面是幼稚的、缺乏现实性的。

一个总是想象最糟糕事情的悲观论者是难以体验快乐的。谨慎型的人在制订计划时能够描绘美好的未来,但最后终究会拒绝娱乐和享受,他们

中的很多人相信"先苦后甜"。

这种"受害妄想"在恐惧时表现得尤其明显。其实,即使是挺身面对危险的对抗恐惧型,也很容易因想象最坏的情形而受害。他们只有在被逼到墙角、不得不起来抵抗时才会以行动来攻击对方。

意外的是,多数谨慎型的人并不认为他们比一般人更胆小,因为不安、恐惧已经成为他们的一种慢性症状。等他们觉察到自己的恐惧时,恐惧大多已经消失了。

你是否是成就型的人

成就型的人虽然很难忍受没有前途的位置,但即使运气不佳,也会表现出获得赞赏的样子,尽可能扮演成功者的形象。

因为有如此惊人的自我暗示能力,以至于他们在不同的组织里,能够像变色龙一样饰演不同的理想角色。他们扮演受人尊敬的形象,不仅欺骗了他人,连自己也骗了。由于有这样的能力,他们总是演着乐观而幸福的角色。除非遇到巨大的考验,他们不会睁眼关注烦恼等消极因素,也绝不会和自己的内心进行对话。

对成就型的人而言,最重要的是工作。为了工作完成得出色,他们全力以赴。他们想通过工作得到地位和收入等可以预见到的回报,往往不管工作本身多么无聊、商品本身的价值多低,只要回报很大,他们就会倾注热情。

1. 重视效率，追求成功

追求成功的成就型的人重视效率，善于表达自己的想法，他们的示范，对周围的人有激励作用，从而产生成就大事的能量。他们好学且上进心强，具有坚持不懈地探索新的目标的能力，可谓是体现竞争社会价值观的"企业人的镜子"。与成就型的人在一起，会为其工作热情所感染，从而使组织内部自然而然地充满了活力。

成就型的人在工作开始前，就已经准备好"怎样能完成工作"的方案，并让周围人都理解。他们对方案细节不做过多解释，只是着重说明如何才能激发工作热情。周围的人听了，就自然地觉得这个工作非常有魅力。成就型的人具有把组织的力量调动到工作目标上的领导才能。

他们可以撇开个人的感情，而将注意力集中于如何获得他人的爱。为了得到肯定的评价，不惜付出任何努力。他们主动要求担任领导的角色，专注于如何获胜，相信只有成功才能获得爱。

对他们来说，重要的是成绩和能力，而不是自己的感情。这种对工作痴迷的价值观，即是成就型的人的"误区"。而且，由于这一"误区"，他们非常害怕失败，不愿涉足有可能失败的工作。对人生的态度是只考虑积极面，而不考虑消极面。

2. 外强中干

成就型的人自视强于其他人，这是他们通过自己的成绩和荣誉等实实在在的东西而构筑起来的。但是，他们一旦失去成绩或地位，自尊心就会受到严重伤害，所以他们常常担心因为懈怠而失去原有的地位。成就型的

人重视效率,非常厌恶工作能力差、多思而不实干的人。他们讨厌有可能会导致自己失败的部下,希望部下是能促使自己走向成功的有用的人。

他们为了工作,不但牺牲个人生活,还要求周围的人也同样做。他们希望组织能按照自己的想法发挥高效率。要让他们认识到工作只是人生的一部分是非常困难的。

成就型的人在工作中遇到失败时,不会简单地承认自己的过错,即使明显失败了,他们或视而不见,或把失败看作部分成功,或进行诡辩并把责任推卸给他人。如果接下来有了新的目标,他们会很快调整情绪,从上一次失败中站起来,为了成功而勇敢向前。只要未来有希望,他们就可以无视任何负面的东西。

由于一门心思想扮演受人注目的角色,他们不能认识内在的自己。如果在工作上未能获得预期的成绩及周围人的好评时,他们就会感到现实的自己与追求的理想形象之间有落差。当落差大到再也不能视而不见的时候,他们会感到非常痛苦。

3. 因担心失败而过分表现自我

成就型的人只要有什么新想法,立刻就会付诸行动。这样的行动力是成就型的人的能力体现,同时也起到了消除忧郁的作用。他们之所以埋头工作,四处活动,乃是防止回首人生时陷入情绪低落。他们的日程表总是排得满满的,工作以外的时间,会被旅行、运动等活动填满,什么也不做的空闲时间,对他们来说,不仅认为非常不健全,而且还很恐怖。

他们认为因家庭生活等矛盾而影响到自己的行为是愚昧的。许多成就型的人都是工作狂,不重视家庭或恋人,即使与家人或恋人待在一起,也不会轻轻松松的，他们会想出去运动或旅行等。也就是说，他们不重视内心的交流，认为通过外在的行为才能表达自己的情感。因为不想降低工作效率，他们不喜欢伴随各种矛盾的恋爱和家庭生活，喜欢平静的没有纠纷的恋爱和婚姻。

成就型的人轻视只有靠深思熟虑才能得到的创造性，他们认为效率比什么都重要，所以对花费数小时却有可能得不到任何成果的创造性活动敬而远之。

你是否是乐观型的人

乐观型的人主要有以下几个特征。

1. 富有创造热情和进取精神

富有创造热情和进取精神的乐观型的人，在单位里，以点子多和人际关系好而十分活跃。因为他们关注事物的积极面，能够提出新计划，鼓舞周围人的干劲，创造出轻松愉快的工作气氛。

乐观型的人善于发现人生的快乐，即使陷入苦恼，也会苦中求乐。他们总是追求快乐，哪怕没有回报，只要能感受到快乐，就投入满腔热情。只要精神状态良好，就喜欢见到的每一个人，希望给每个人都带来幸福。

此外，乐观型的人还善于逻辑分析，从一个法则中推导出新概念，从互相对立的感念中找出共同点。他们常常根据理论逻辑，提出具有独创性

的建议。

2. 关注自己，追求兴趣第一

乐观型的人有薄情的一面，即使和别人在一起，关注的不是对方，而是"让自己度过的时光更快乐"。他们喜欢与众人同享快乐，不喜欢与一个人深交。但这种追求快乐时光的热情，易使对方误以为是对自己的感情，对乐观型的人产生过多的期待。乐观型的人容易给人以"不专一"、"撒谎"的印象。

乐观型的人精力充沛，总想参与竞争，获得胜利。他们喜欢与人比较，经常自问自答："我到底排名第几？"这种嗜好是他们不断向上的源泉，能够提高其客观看待人与事的能力。但是，他们给自己的答案总是"排名第一"。

不过乐观型的人想参与的竞争，一定都是有趣的事。他们不想以胜利获取权力，而是希望被别人视为"了不起"。如果处于需要承担责任的位置上，他们不愿意因此失去生活中的众多乐趣。要是因为升迁而被束缚，或者感到有与众人对立的危险，他们的上进心会顿然减退。

3. 计划一个接一个，逃避痛苦

乐观型的人不论在工作上，还是在私生活上，都有很多快乐的计划，而且喜欢多项同时进行，不喜欢专心做一件事。

第一个原因是，如果专心做一件事，一旦失去兴趣，就没有了快乐。这样就不必担心失败，或工作徘徊不前。对他们来说，与其执着于一点，从中获得满足，不如多项齐头并进，一点一点地去获取快乐。

第二个原因是，如果专心做一件事，会发现自身能力的不足，他们想避免这种情况，因为有强烈的自恋倾向，坚信自己是优秀的，不愿承认自己不行。如果同时干几件事，就不会感到自己的能力不足。反之，有可能遇到很大的挫折。

乐观型的人所做的事东一件、西一件，互不相关，但对他们来说，互相之间都是有关系的。即使做很多有趣的事容易疲惫，乐观型的人也愿意有这种体验。

因为每天都过得很充实，他们与意气消沉无缘，重要的是保持轻松愉快。在感到疲劳、压力、百无聊赖之时，乐观型的人喜欢同时做三四件事，只要有趣，干多长时间都不在乎。对于周围有趣的事，他们都会参与，准备很长时间都不在乎，他们准备很多选择的可能性。而长时间地盯着一件事做，无异于扼杀自己无限的可能性。

乐观型的人所追求的事物具有强烈的刺激性。他们渴望兴奋，喜欢冒险和思想上的碰撞。从根本来说，这些行为是乐观型的人寻求知识和创造性的原动力，而其目的则是要逃避痛苦。做快乐的事，可以忘却痛苦。很多时候，人们认为这是乐观型的人的优点，但如果总是逃避痛苦，意味着无法从痛苦和挫折中学到很多东西。

4. 自恋自爱

具有自恋倾向的乐观型的人，认为"自己是全能的"。他们不喜欢"干这一行三十年了"之类专业上的赞誉，希望自己是"工作、交友、烹饪、绘画等无所不能"的全才。他们自信"人们只有一个独特的才能，而我可是样样通"，并且，做到这些无须下苦功夫，自己的未来充满无限的

可能性,没有全力以赴的必要。

为了验证这种强烈的自信,乐观型的人喜欢与看上自己的价值的人交往。当自己的能力得不到认可时,他们会把原因推给别人,寻找借口,认为即使碰到一件坏事,也不必过于在意,因为还有很多乐趣。

乐观型的人如果其周围各种烦心之事不断,屡受批评,他们的态度就会朝着乐观主义和开朗相反的方向转变。对于自己"厌恶"的事情加以掩饰,以批判的眼光审视周围,老盯着别人的缺点。一向不愿正视挫折、痛苦的乐观型的人,一旦陷入逆境,很难找到摆脱困境的方法。

乐观主义的思考方式是乐观型的人创造的源泉,是打破僵化的力量。但是,不愿面对痛苦,不预想坏的结果,则是乐观型的人的最大的弱点。

你是否是助人型的人

助人型的人主要有以下几个特征。

1. 乐于助人,努力建立最好的人际关系

为满足他人想拼命努力的助人型的人十分在乎别人怎么想。他们有着使人快乐,使人充分发挥长处的能力。助人型的人喜欢支持野心家,在向困难挑战的时候,是理想的伙伴。

对助人型的人来说,人际关系最为重要。为保持良好关系,即使自我牺牲也在所不惜。助人型的人即使与人争吵或惹出麻烦,也有不留下后遗

症的本事。他们认为自己与他人的相处很重要,在感到"倘若我不在,这个工作就无法进行"时,他们会觉得十分幸福。

通常,只要对人际关系感到满意,即使没有相应的利益回报,他们也会干劲十足。他们积极与人交流,使人感到心情舒畅,所以在单位里是模范。而且,他们具有吸引力,适应性强,有社交能力。此外,他们为人热情,记得他人的生日或纪念日,为表示祝贺,决不吝惜时间;他们喜欢真心诚意的礼物,自己准备的礼物也是同样。

大部分的助人型的人,只要注意观察,即使对方的表情和行为没有显露,他们也能知道对方心底潜藏着什么愿望,能与他人站在同一立场。

他们常常关心别人需要什么,并希望谈论这类话题。有很强的同情心,总是向他人敞开心扉,他们讨论争执,对他人充满圣人般的慈爱。虽然有时亲切过度,被人说成爱管闲事,但他们为人善良,值得尊敬。

2. 试图操纵他人

擅长吸引他人的助人型的人,有试图操纵他人的倾向。这是想得到"回报"的潜意识的表现。如果他是野心家,就会以有无交往价值来看待对方,对于"有价值"的人,他们会施展自己的能力,巧妙地利用。

助人型的人崇拜有权力的人,认为顺从权力者,能够相应地提高自己。他们即使拥有领导者的才能,也更喜欢当幕后领导。他们不承认期待自己帮助的权力者的回报,但是,却希望所侍奉的权力者得势后能够确保自身的安全,进而使自己成为权力人中的一个。不过,助人型的人并不仅仅满足于得到权力和安全,同时还寻求友情的满足。这种寻找心心相通的特点,是具有助人型的人性格的野心家与其他类型野心家的不同之处。

3. 迎合他人而失去自我

助人型的人常常把能量花在为他人奉献上，弄得自己很累，疲于应付，却做出一副很乐而为之的样子。这种潜在的疲劳如果蓄积太多，就会走向与平时完全相反的一面——不肯为别人做任何事。

这种人的复杂处在于有好几个自我，因对象不同而改变自己的角色。为迎合他人，讨人欢心，往往结果角色错位，弄不清自我的本来面目。随着自身融入周围人的要求，忘了自己的真实感情。

助人型的人往往为了获得他人的欢心，一日数次地改变自己，无意中反而失去了真正的自我。助人型的人有时也会有欺骗他人的罪恶感，但同时，他们坚信对方有对自己某些深藏的爱心，如此一来，他们更加拼命地讨他人喜欢，忘掉自己的欲求。

助人型的人希望被人接受，满心想获得他人赞同。在他们看来，不被接纳是最糟糕的事，于是他们总是迁就他人，但迁就他人就无法展现真正的自我。到头来，被对方接受的并不是真正的自我。助人型的人本希望被接纳的是真正的自我，这种需求由于自我的"误区"而难以实现。更复杂的是，助人型的人不愿让人得到自己性格的相关信息，判断自己的性格特征。这样，他们"想被理解"和"不想被判断"两种愿望之间产生了冲突。

4. 不自觉地渴望得到关爱

助人型的人真正追求的是获得他人的友爱和好感，以及他人的特别理解，即"另眼相看"。他们认为，要获得理解，就必须帮助别人，然后，他们并不清楚为什么需要友情和理解，这正是助人型的人的"误区"。

通过付出获得安全感的助人型的人，因他人需要自己而感到满足，却不敢正视自己的欲求，害怕这种欲求会成为获得友情的障碍。结果，他们总是关注外界，一心想获得别人的友情而不顾自身的欲求。

这类人之所以乐于助人，是因为心中潜藏着让对方接受自己，并对自己表示感谢的渴望。因此，当奉献得不到相应的回报时，就会牢骚满腹。这是想获得感谢的真正愿望与为了讨人喜欢而显示自我之间的冲突。最终，甚至陷入被对方控制、利用的受害意识中。本来是自己主动要为对方粉饰，现在变成想要从束缚中挣脱出来。这种内在的矛盾使助人型的人深受痛苦。

你是否是协调型的人

协调型的人主要有以下几个特征。

1. 优柔寡断

就贯彻自己的信念主张和人际关系的和谐而言，协调型的人更重视后者。不管对方有什么烦恼，他们都会耐心倾听，并表示出很能理解对方的难处。他们对把自己的意见强加于人、发挥影响力等没有兴趣。他们能不带偏见地包容他人，知道他人人生中什么是最为重要的。能够一下知道对方想做什么，往往把他人的愿望放在第一位，将自己的意见放在次要的位

置。他们做事慢条斯理,言语温和亲切,让周围的人感到放心。

如果遇到意见对立的情况,他们会听取双方的意见,让双方平心静气地坐下来慢慢说。为了公平合理地解决矛盾,他们愿意耐心地进行调停。

协调型的人不善于分辨事情的轻重缓急,即使有些事必须马上做,他们也会优先去做一些无关紧要的事。只要有时间,他们是不会急着去完成的。

2. 克己待人

协调型的人虽然性情温和,但也有发火的时候。他们发火的时候,是郁积在心中的怒火到了无法忍耐的极限。表现出一副顽固僵硬的姿态,甩手不干是愤怒的间接表现。出于同样的理由,他们也会逼着对方先发火。他们了解人的愿望,可以用消极的方式让对方感到烦躁,进而发怒。

当心中郁积了怒火的时候,协调型的人就一定不会顺着对方。他们很少发怒,在直接发泄后有一种"如释重负"的感觉。

协调型的人不关心自我的内心,却有觉察他人内心世界的能力。他们能和任何人打成一片。他们虽然不善表达自己的意见,但是对他们的意见却能说得清清楚楚,将心比心,能够切实体会对方是病了还是健康,是烦恼还是高兴,以至于分不清受苦的到底是自己还是对方。这是设身处地助人的能力,也可以说是协调型的人缺乏主体性的缺点。

3. 容易迎合他人意见

能够忘却自己的协调型的人,很容易迎合他人意见,把他人的事当成自己的来做。当决定是否要做一件新的事情时,他们犹豫不决,结果往往随大溜儿。如果干了一半,发现不对劲时,也不会说一个"不"字。

因为容易接受对方的观点，所以不管何人，他们都会看到其优点。由于什么事都有正反两面，所以他们难以决定自己的态度。他们能够急他人所急，知道有些时候必须自己做决定。当遇到压力的时候，他们不做任何反应，而是被动等待问题解决。因为，如果明白表示意见，担心受到别人的蔑视和批判，不表示意见是最安全的做法。遇到两难选择的时候，协调型的人对双方都表示理解，更加无法决定立场，心想不管自己怎么说，双方都听不进去，于是尽量不作声。

4．一旦决定便难更改

协调型的人也是最顽固的一个类型。尽管他们迟迟不做决定，旁人谁也奈何不了，但是越向他们施压，他们越顽固，越不表态，认为这是对别人不理解和不倾听自己意见的一种抗议。在必须决断又难以决断的时候，协调型的人会做出表面迎合的决断。

一旦做出决断，协调型的人就会顽固地坚持不变。这不是因为坚信决定正确，而是因为原本就不愿意做的决定，只是迫于周围的压力，而不得不为之。出于对自己的怯懦的不满，他们表现出一副强硬的样子。由此不难看到，协调型的人虽然同意任何意见，却不愿涉及其中，这种性格特征使他们适合担当公平的仲裁者和调停者的角色。

协调型的人迟迟难做决定还出于"对付出的恐惧"，他们获得的总比付出要多。他们清楚地记着往事，拘泥于过去，对于目前的情况反而不大在意。协调型的人不懂得选择，因为他们心中有许多没有决定、没有处理好的事情，他们很难改变自己，换一个生活方式，只想按照以往的惯性来行动。

协调型的人不能充分认识自己能力的误区，是由于他们不喜欢内心

出现矛盾，很少有学习新知识、新技术的上进心。此外，由于在工作上没有明确的目标，不能朝一个方向坚持不懈地走下去。生活上也没有刻意追求，一切顺其自然。为了消解做决断的不安，养成一以贯之的生活习惯。什么也不想，也不操心，按照"惰性"来做事就行了。

但是，如果工作没有明确的目标，就会很容易养成懒惰的习惯。在协调型的人中，很多人喜欢靠在沙发上优哉游哉的生活方式。有些人还通过对药物或酒的依赖，试图忘记自我。只要养成了习惯，人生什么重要，什么不重要，都没有考虑的必要。

第二章
培养自信乐观的性格

励志大师卡耐基曾经说过："你有信仰就年轻，疑惑就年老；有自信就年轻，畏惧就年老；有希望就年轻，绝望就年老。"有些人简单地认为自信就是相信自己，于是他们在为人处事时，处处以自我为中心，从来不为他人考虑。其实，自信不单纯地指自己相信自己，而应该是在全面地肯定自己的前提下，自信乐观，勇于改变自我，以赢得属于自己的那一份快乐。

第二章
培养自信乐观的性格

缺乏自信如浮萍

缺乏自信的人很容易自卑进而消极地评价自己,觉得自己处处不如别人。看到别人比自己强,就感到自己很卑下。一个自卑者,由于受到消极意识的控制,就很难突破这种精神上的束缚。他的创造力,他的各方面潜力都会受到压制。一个自卑的人,被围困于消极的气氛之中,即便再有能力,也是没有用武之地的,他只能成为一个庸庸碌碌的人。

自卑使得人们不相信自己,在该表现的时候不敢表现,有才能也发挥不出来。因此,难有大的成就。自卑常常成为成功路上的一大障碍。

克服自卑是你建立自信的第一步。

1. 不必害怕别人

无论你心里如何想,有一点是肯定的:别人也同你一样,你们之间没有优劣之别。首先,你应该学会了解各种不同类型的人,对他们的了解会使你心中知道该怎样去与他们打交道,怎样在他们面前维护自己的尊严。

别人虽然是很重要的,但是你也同样重要。你没有任何理由认为别人是主角而你应该是配角。无论你与什么人相处,你都应该遵循这一原则。

有自卑感的人总觉得自己技不如人,即使事实并非如此。他觉得自己不行并非他真的不行,而是他感到不行——仅仅是感觉而已!

人应该有超越自我的愿望,不要老是局限在原来的小圈子里。

2. 从积极的角度看问题

看问题的时候,若能站在一个积极的角度,就会驱除你的自卑感。假如一位女士长得很胖,积极的心态应该是这样的——她会想:这是我强壮、结实的表现,我不是弱者。自卑的人则会想:这太悲惨了,造物主竟然给我这么一个庞大难看的身体。显然,第二种心态只会令人更加不自信,这于事无补。

也许你是商界中的人,也许你的企业规模很小,但如果你充满信心,会觉得这正好是一个发展的机会,正好是你磨炼自己、挑战自我的时候。自卑者则会认为自己这辈子没有什么前途了,肯定竞争不过那些大企业,于是会放弃许多努力。所以,他永远也发展不了,而这样会令他更加感到抬不起头来。

必要的时候,不妨来点精神胜利法。你可以对自己说:以后机会很多,不能因为这次的小小失败而不相信自己。

3. 创造自信的气氛

如果你周围的人都是那些乐观自信、积极向上的人,你也不会再感到自卑了。你应该拥有一种积极的心态,才能走出自卑、建立自信。

不妨做出生活上的一些调整与改变,听一场音乐会,参加体育活动,参加热烈的盛会,你会发觉别有一番天地。走进一个商场,这里设施齐全、服务周到、货物充足。店员一个个昂首挺胸、面带微笑,柔和的轻音乐悠扬地在商场里飘荡⋯⋯在这样的环境里,你会感到很舒畅。

一个人如果总觉得自己不行,那么他干什么也不会起劲,天天没精打采。一个人如果对自己充满信心,就会是另一番情景。他不会去想那些令人沮丧的事。

在你的人生历程中，总会有一些令你感到得意的事。当你感到自卑时，不妨想一想这些事，让它们在你脑海中重现一遍。然后你问一问自己：我当真是技不如人吗？不！在你成功的时候，你就比别人强。过去的那种上进心，为什么不让它们再展辉煌呢？你做得到的。

4．无须偶像

每一个人都应该得到尊重，而不是成为偶像。也许你没有那些令人羡慕的得天独厚的条件，但是，有一点你必须记住：你就是你，无须自己看低自己。树立一个偶像来压扁自己，这是不明智的。

有的人喜欢模仿别人，好像是为别人而活着，他们往往因此而丧失了真正的自我。他们树立一个偶像，按偶像的种种标准来要求自己，如果做不到，就深深地责备自己，自卑感更加强烈了。

不能因为凯撒生平的光芒远远地盖过了自己，就把他视为楷模。只要过得充实，也就无愧于己了。你应该自信地做你的一切，你无法像你的偶像。同样，你的偶像也无法像你。

事实上，人无完人，人不可能都那么完美。你没有必要拼命掩饰自己的不足，你没有必要处处学别人。你是独立的人，你是属于自己的。你不必像谁，你就是你。也许你确实有自己感到不满意的地方，但你没有必要自卑——因为别人也不像你想象中的那么十全十美。

用自信添加成功的资本

拥有自信不是什么困难的事，但也不完全是那简单的事。想要拥有自信，第一件事就是要知道什么是真正的自信。

自信和外在物扯不上关系。如果你是因美丽而自信，当你年老色衰时怎么办？如果你是因为金钱而有自信，世事无常，很可能哪一天你的钱财会耗尽。如果你是因为拥有权力而自信，权力也不一定长久。

真正的自信是一种心境，它需要内在的东西来支持。只要你拥有了渊博的知识，拥有了坚韧不拔的意志，你就拥有了必胜的自信。

信心是一种心境，有自信心的人不会在转瞬间就消沉沮丧。如果一个人从他的荫庇所被驱逐出来，他就会去造一所尘世的风雨不能摧残的屋宇。

每个人都可以去随意做自己喜欢的事，只要自己喜欢，是没有什么不能做到的。这是很简单的，几乎人人都可以做到。因为人是有惰性的，所以要做一个能够自制的人却并不那么容易，那等于是向自己的惰性挑战，滋味当然比不上随心所欲来得舒服。如果你是位想拥有真正自信的人，而不是不堪一击的，就要培养自制的能力。

有了自制力，你才能掌握行为的对错与方向。因为有了自制的能力，才有可能兑现对自己的承诺，兑现了对自己的承诺，你才会相信自己，并最终抵达目标。

办公室同事起哄要去吃大餐、唱卡拉OK时，你为了下班后的自我进

第二章
培养自信乐观的性格

修而舍弃不去。当一群人在身旁大谈办公室闲话时，你即使知道再多的内幕，也可以克制住不去插一嘴、不飞短流长。当有人以各种好处收买人心，大部分获利的人都在窃喜时，你却仍然不为所动。

这些在生活中自我培养出来的自制力，会让你成为一个有原则、有所为有所不为的人，这些都可以为你积累出日后自信的实力与基础。

倘若你想征服全世界，你就应该先征服自己，能征服自己的情感也就征服了生活，被你征服的人终将被视为一个可靠的人。

如果你有自制力并且了解自己，而且对自己诚实，但缺乏了实践，一切还是空谈。

实践可以从任何一件事开始，从现在开始，为了激发出有可能连你自己都不知道的潜能，一种方法是你可以决定每天做一件你不喜欢的事。你有可能是原本很不喜欢和人打交道，今天却试图主动和同事们打招呼问好；或是最讨厌胡萝卜的味道，但是你愿意午餐时尝试。种种生活中的小创意和发现，都等着你去挖掘。

另一种方法是你给自己一项任务，这个任务由自己定，它可以是保持房间随时干净清洁一个月；可以是每个月造访一个陌生的城市或乡镇；也可以是每星期待在图书馆里两小时；还可以是连续两个月不化妆。不论是什么任务，凡是有关你未完成的心愿、志趣、好奇心等都可以，只要你去实践，认真投入地实践、履行，你将会慢慢地看到自己越来越多的可能性，你也会开始认知生命的多彩与丰富，自信也会张开双手迎接你。别忘了，去实践！

永远地相信自己

卡耐基说过:"要想成功,必须具备的条件是:欲望以提升自己,毅力以磨平高山,以及相信自己一定会成功。"永远地相信自己,这不是说说那么简单的。如果你真的能做到了,那么你离成功已经不远了。

一只幼鹰和鸡一起啄食、嬉闹和休息。它以为自己也是一只鸡,它已经变得和鸡完全一样,根本没有飞的本能了。主人试了各种办法,都毫无效果,最后把它带到山顶上,一把将它扔了下去,这只鹰像块石头似的,直掉下去,慌乱之中它拼命地扑打翅膀,就这样,它终于飞了起来!

也许你会说:"我已经懂你的意思了。但是,它本来就是鹰,不是鸡,所以它才能够飞翔。而我,也许本来就是一个平凡的人,因此,我从来没有期望过自己能做出什么了不起的事来。"这正是问题的所在——你从来没有期望过自己做出什么了不起的事来!这是事实,那就是我们只把自己钉在自我期望的范围内。

每个人都有巨大的潜能,只是有的人潜能已经苏醒了,有的人潜能却还在沉睡。任何成功者都不会是天生的,成功的根本原因是开发人的无穷无尽的潜能。只要你抱着积极的心态去开发你的潜能,你就会有用不完的能量,你的能力就会越用越强,你离成功也就会越来越近。相反,如果你抱着消极的心态,不去开发自己的潜能,任它沉睡,那你就只能哀叹自己命运的"不公"了。

确实，开启成功之门的钥匙掌握在自己手里，必须由你自己亲自经历锻炼的过程，这是释放你的潜能、唤醒你的潜能的过程。

正如爱迪生曾经说过的："如果我们做出所有我们能做的事情，我们毫无疑问地会使自己大吃一惊。"

满怀必胜的信念

石油大王洛克菲勒曾说过："即使拿走我现在的一切，只留下我的信念，我依然能在十年之内又夺回它们。"虽然这只是一个假设，但我们可以看到信念对于一个人的重要。

坚定的信念让人产生十足的动力，它对于人生的影响举足轻重。它隐藏在我们身体的内部，只要善于运用，它就是一股取之不尽的力量源泉。

当然，信念需要行动来贯彻，如果怀抱着一生的信念却守株待兔，那你至多只是一个空想主义者。一张地图，无论多么详尽，也不能把你带到目的地。只有行动，才能把你送往想去的地方。而行动，正是通过信念来指导的。

我们一般不会察觉，我们所有的行动都是符合一个信念框架的。每个行动的背后都有一个正面的意图。我们所做的事情总会有某些依据、某些目的，但做出行为的人并不是马上就可以看清楚这些的，至于观察这个行为的其他人，就更不用说了。

我们的行动就是信念的证据。信念对行动的影响有正面的也有负面的效果。例如看书，如果我们采取的行动是把书放下并且翻开在最后阅读的

那一页，一直放到下一次想要继续阅读的时候。如果有一个自我信念是这么说的："我是一个思想自由的人，我就是我自己，我不是一些琐碎规矩的奴隶。"这个行动就有了一个解释，并且会归因于那个信念。但是如果另一个自我信念说："我是杂乱无章的。"这个行动就很有可能连同其他数以百计的没有其他明显理由的行动，在"我是杂乱无章的"这个心理架构里找到安身立命的所在，并且不断支撑和增强这个信念。这样，这个杂乱无章的自我形象就会更加强化了。在日常生活中，这一类"令人丧失力量"的信念越强，就有越多的日常行动受它们的影响。

因此，对于信念，就有一个去伪存真的任务。辨别好的信念，自我暗示好的信念，就等于为自己建了一座稳固的灯塔，找到了一处甘泉的源头。

快乐的钥匙在自己手里

一个成熟的人会握住让自己快乐的钥匙，他不期待别人给自己快乐，而是自己将快乐与幸福带给别人。

每个人心中都有把"快乐的钥匙"，但我们却常在不知不觉中把它交给别人掌管，所以，我们的快乐与否经常受到别人的遥控。

一位已婚女子抱怨道："我活得很不快乐，因为我先生常常出差不在家。"她把快乐的钥匙放在她先生手里。

一位母亲说："我的孩子不听话，叫我很生气！"她把钥匙交在自己孩子手中。

第二章
培养自信乐观的性格

男人可能说:"上司不赏识我,所以我情绪低落。"因为他把快乐的钥匙放在了老板手里。

婆婆说:"我的媳妇不孝顺,我真命苦!"

年轻人从文具店走出来说:"那位老板服务态度恶劣,把我气坏了!"

……

这些人都做了相同的决定,就是让别人来控制自己的心情。

当我们容许别人掌控我们的情绪时,便会觉得自己是受害者,表现出对现状无能为力,于是抱怨与愤怒成为唯一的选择。

于是我们开始怪罪他人,并且向他人传达一个信息:"我这样痛苦,都是你造成的,你要为我的痛苦负责!"

此时我们就把一个重大的责任推给身边的人,即要求他们使自己快乐。

我们似乎承认自己无法掌控自己,只能可怜巴巴地任人摆布。

这样的人往往使别人望而生畏,不敢与之接近。

但是,一个成熟的人会握住自己快乐的钥匙,他不期待别人使自己快乐,而是让自己将快乐与幸福带给别人。他的情绪稳定,对自己负责,和他在一起是种享受,并且没有任何压力。

你快乐的钥匙在哪里?如果在别人手里的话,快去把它拿回来吧!

其实,不论我们身在何处,周围的环境、所接触的人和事物都很容易造成我们情绪的起伏,可是千万别忘了,不要因为他人的一句话而在意太久哦!

自信的人充满勇气

如果把困难看得太清楚、分析得太透彻、考虑得太详尽，就会被困难吓倒。不要怕失败，不要怕被拒绝，唯有再接再厉，一次比一次坚强，相信天无绝人之路，才能在崎岖的路上前行。

一个人如果缺乏勇气，就会陷入不安、胆怯、忧虑、忌妒、愤怒的旋涡中。要消除这些不良心态，只有具备勇敢的精神。勇气是世界上无所不能的武器，有了它，自信也随之而来。

大家都知道，动物在面临危险时会充满斗性。狮子在为了保护幼小的狮子时，它可以奋勇地扑杀猎人，而不是像平时那样逃命。正是这种扑杀，能够为它带来生还的希望。现实生活中也是如此，很多时候的较量说到底都是勇气的较量，两军交锋，勇者得胜。当一个人充满勇气时，就会焕发出平时双倍的力量，爆发出巨大的潜力。

某公司有一位经理，他给自己的员工定了一条规矩：不准走入公司的某个房间，否则将给予开除。公司里的其他员工都照经理说的做了，但是有一个员工由于好奇，他在旁人不在的时候走进了那个房间，发现房间里只有一张桌子，桌子上只有一封信，信封上写着：将此信交给经理。于是这名员工就把信交给了经理。经理笑着说："从现在起，你就是我的助理了。"这名员工很疑惑，经理解释说："我已经等了两年了，只有你有勇气走进去，把信拿过来。"在这个故事里，勇气给人带来了意外的机会。

其实人生又何尝不是如此呢？在面对各种挑战时，也许失败的原因不是因为势单力薄、不是因为智能低下、也不是因为没有把整个局势分析透彻、考虑得太详尽，而是没有勇气去面对，倒是那些有自信心、有勇气的人更能够勇往直前。

莎士比亚说过："疑惑足以败事，一个人往往因为遇事畏缩的缘故，失去了成功的机会。"

做自己生命的主人

快乐与烦恼常常容易受外界因素的左右，受此影响的人常常表现得喜怒无常，搞得别人束手无策，只好对他避而远之。结果导致人的心情很压抑、很沉重，越发苦恼和烦躁。

其实，这样的苦恼仍需自己解决，问题的症结就在于自己如何对外界刺激进行认知、评价和选择。

古时候，有位学者向高僧南隐问禅学，南隐以茶相待，他将茶水倒入杯中，茶满了，但他还是继续倒，学者说："师傅，茶已溢出来了，不要倒了。"南隐说："你就像这茶杯一样，里面装满了你自己的看法和观点。你若是不首先把你自己的杯子倒空，叫我如何对你说禅，只有心虚才能容道。"可见，如果心中有自己的成见，认为不可能征服烦恼，那么，就听不进别人的箴言了。

人降生在这个世界上，便陷入未知的境遇之中，除了快乐以外，悲哀、愤怒、忧虑、愧疚和烦恼等可能会不间断地困扰着每个人，给人们的精神套上沉重的枷锁。面对现实的挑战，你能抵御消极情绪的袭击吗？你

能远离烦恼吗？你能够主宰自己吗？回答是肯定的。只要你相信：问题的症结就在于你的认知评价能力如何。

人们往往错误地认为，生活得快乐与否，完全取决于外界刺激的大小，刺激大，烦恼就大；刺激小，烦恼就小。其实这中间忽视了一个关键问题，就是人们自己头脑的加工——面对外界刺激选择何种反应。

例如，面对火车晚点这一不良刺激，有的人大发雷霆，急得团团转，焦躁上火；有的人到服务部买点东西吃，坦然等待；有的人坐在候车室里给朋友写封信，充分利用时间。很明显，这三种不同的反应，绝不是由外界刺激的大小决定的，而是由他们对同一刺激的不同态度决定的。火车晚点绝不会因为人大发雷霆而改变。

可见，仅仅是环境并不能使我们快乐或不快乐，而是我们对外界环境刺激反应的选择。也就是说，事件本身没有压力，它们是否使我们感到紧张、有压力，在于我们以什么样的思考方式和方法看待它们。

乘坐过山车，对一些人来说是痛苦的，对另一些人来说，却是令人快乐的刺激活动。如果我们选择悲伤的事，浑身会充满凄凉的感觉；如果我们选择恐惧的事，我们会感到毛骨悚然，浑身冒冷汗；如果我们选择生病的事情来思考，自然会愁容满面；如果我们选择令人喜悦的事情来思考，定是眉飞色舞；如果我们毫无信心，失败会接踵而来……

总之，我们必须运用自己自由选择的权利。作为自己生命的主人，我们每天、每个小时都可以做出自由的选择。我们每个人都能顶得住灾难和烦恼，并挖掘潜力战胜它们。

第二章
培养自信乐观的性格

勇于改变自己

心若改变，态度就会改变，态度改变习惯就会改变，习惯改变命运也就会跟着改变，那么你的人生也就得到了更新。

如果你希望看到世界改变，那么第一个必须改变的就是自己！尽自己的能力去尝试，排除一切困扰。

在很久以前，当某国的人们还在赤着双脚走路的时候，有一位国王来到某个偏远的乡间，因为路面崎岖不平，有很多碎石，碎石扎得他的脚又痛又麻。回到王宫后，他下了一道命令，要将国内的所有道路都铺上一层牛皮。他认为这样做，不只是为自己，还可以造福人民，让大家走路时不再受碎石扎脚之苦。

但即使杀尽国内所有的牛，他也筹措不到足够的牛皮，而所花费的金钱、动用的人力，更是不计其数。虽然这件事根本做不到，甚至还相当愚蠢，但因为是国王的命令，大家也只能摇头叹息。一位聪明的臣子大胆向国王建言："大王啊！为什么你要劳师动众，牺牲那么多牛，花费那么多金钱呢？你何不只用两小片牛皮包住你的脚呢？"国王听了很惊讶，但也马上领悟，于是立刻收回成命，采纳了这个建议，据说，这就是"皮鞋"的由来。

要想改变世界，很难；要想改变自己，则较为容易。与其改变全世界，不如先改变自己。

我们可以改变自己的某些观念和做法,当自己改变后,眼中的世界自然也就跟着改变了。

如果我们希望看到世界改变,那么第一个必须改变的就是自己。

独一无二的你

世界上不存在没有个性的人,强烈的、鲜明的个性是你之所以成为你而不是别人的重要标志。鲜明的个性从何而来,当然,社会、家庭的影响很重要,但个性形成的重要途径是来自于自我教育。

或许你出生的家庭把谦虚、诚实视作美德,从小大概就奉行"不要随便开口""夸夸其谈是罪过""不要自吹自擂""谦虚是美德"等诸如此类的教条。其实这些教条很压抑人,甚至在许多人进入竞争激烈的商业环境中时,会成为他们发展的巨大障碍。

当你打算做一番惊天动地的事业时,你经常会遇到强大的阻力。这包括来自家庭内部的、工作中的,到处都有人给你泼冷水,提出质疑和批评,打击你的积极性。在你前进的道路上每一步都充满着挑战。那么,如果你这些都熬过去了,接下来你就会发现,若想在混乱、拥挤的市场里,打动已经厌倦的、头昏脑涨的消费者,就有些难了。要想克服这一点,你就需要某种方法,相信自己是正确的,即使有的人认为你错了。你要不怕奚落,在关键时刻要挺身而出。

每个人都喜欢新的事物,新的风格,你应当很好地利用大自然赋予你

第二章
培养自信乐观的性格

的特点，走出与他人不同的路。只有你才能表达与运用自己拥有的才华，这是别人无法替你做的。你凭借自身因素，创造出一个真正的你。请你收下这份珍贵的礼物——世上最美丽、最令人兴奋的、最具有价值的、能获得成功的人——你自己。

"你是独一无二的。"请记住莎士比亚的这句话。

在你的一生中，你用不着羡慕别人的容貌和姿态，用不着被别人的大肆宣扬所蛊惑，也不用慑于别人的威名而人云亦云。你不必做一个讨人喜欢的"孩子"，而要做个忠实于自己的"主人"。有位哲人说得好："假如我是因为生来如此，你是因为生来如此，那么我是我，你是你。但是，假如因为你而我是我，因为我而你是你，那么，我不是我，你也不是你。"

认识了自己的本质，你也就突破了迈向成功时所可能有的第一大障碍，你会告诉自己："在我的生活中，我是最重要的人。"而这种感受和想法是你成功的先决条件。于是，你便能开始订立目标，一步步达到你心目中的成功标准。也许你会问："这样做对吗？难道没有别的人比我更重要？把自己看得太重要不是太自私了吗？"这种怀疑是没有必要的。希望自己最好，希望把最好的东西给予自己不是自私。

有一家《成功》杂志报道过雷·德马瑞尼和迈克·埃格曼，他们都是具有独特个性的人，他们独创了新式的垒球棒。他们最早期使用的办公室是泥地上的一间谷仓，连暖气都没有。德马瑞尼说："我们不时可以感觉到身后母牛呼出的热气。"他们购不起生产设备，就只好自己做。第一年的销售额是6.5万美元，他们又申请了10.9万美元的小型企业贷款。"办贷款业务的人员问我拿什么去和盈利上亿美元的大公司竞争时，"德马瑞

尼回忆当时的情景说,"我很认真地看着他们说:'你们为什么认为他们能竞争过呢?'"结果,他们得到了贷款。由于这份坚强的个性力量,他们公司1995年的销售额达到了250万美元,后来又得到了100万美元的资金,以启动全面规模的生产。

自信或自卑全在于你自己的抉择。没有人与生俱来就会表现出好的性格或不好的性格,是你自己决定要以何种态度看待你的环境和人生。即使面临各种困境,你仍然可以选择用积极的态度面对眼前的挫折。

法国作家加谬曾说过:"人性的美丽在于人的令人愉快的个性。"只有学习锤炼自己坚韧不拔的意志,顺应事物发展规律并坦然面对人生考验的人,才有可能走出一条无限光明的成功大道。

告诉自己"我能行"

在人的一生当中,总会遇到各种困难与挫折,在这种情况下,要勇敢地对自己说:"我能行!"

小李害羞,胆小,不自信,每逢老师或同学让他做什么事时,他总是不好意思地说:"不行不行,我不行。"

后来小李下定决心:明天一定要以一副新的面貌出现在大家面前。但到了第二天,却又恢复了老模样。小李明白了一个道理:在一个熟悉的环境中要改变自己是不容易的,需要很大的勇气。但在当时,小李恰恰缺乏这一勇气,所以小李那种不自信的样子一直持续到高中毕业。

第二章
培养自信乐观的性格

上大学后，小李来到了一个全新的环境，于是小李要建立自信的勇气与日俱增。小李每天都面带微笑，精神饱满，干劲冲天，在心里暗暗为自己加油，暗示自己"我能行"。后来，班里成立了篮球队，因为小李个头高，尽管他不会打球，但也被选中了。从此小李就向球技好的同学学习关于篮球的知识和技巧，每天都抱着篮球到操场练一会儿。几个月下来，小李由篮球的"门外汉"成了一名篮球队的主力。

后来小李听说了这样一个故事：

美国有个NBA球赛，黄蜂队有一位身高仅1.60米的运动员，他就是蒂尼·博格斯，NBA最矮的球星。博格斯这么矮，怎么能在巨人如林的篮球场上竞技，并且跻身大名鼎鼎的NBA球星之列呢？就是因为他的自信。

蒂尼·博格斯从小就喜爱篮球，可因长得矮小，伙伴们瞧不起他。有一天，他很伤心地问妈妈："妈妈，我还能长高吗？"妈妈鼓励他："孩子，你能长高，长得很高很高，会成为人人都知道的大球星。"从此，长高的梦像天上的云在他心里飘动着，每时每刻都在闪烁着希望的火花。

"业余球星"的生活即将结束了，蒂尼·博格斯面临着更严峻的考验——1.60米的身高能打好职业赛吗？蒂尼·博格斯横下一条心，要靠1.60米的身高闯天下。"别人说我矮，反而成了我的动力，我偏要证明矮个子也能做大事情。"在威克·福莱斯特大学和华盛顿子弹队的赛场上，人们看到蒂尼·博格斯简直就是个"地滚虎"，从下方来的球百分之九十都被他收走，飞速地运球过人……

后来，蒂尼·博格斯进入了夏洛特黄蜂队（当时名列NBA第三），在他的一份技术分析表上写着：投篮命中率50%，罚球命中率90%！

一份杂志专门为蒂尼·博格斯撰文，说他个人技术好，发挥了矮个子

重心低的特长,成为一名使对手害怕的断球能手。"夏洛特的成功在于博格斯的矮",不知是谁喊出了这样的口号,许多人都赞同这一说法,许多广告商也推出了"矮球星"的照片,上面是蒂尼·博格斯纯朴的微笑。

蒂尼·博格斯至今还记得当年他妈妈鼓励他的话,虽然他没有长得很高,但可以告慰妈妈的是,他已经成为人人都知道的大明星了。

后来,这位矮星说,他要写一本传记,主要是想告诉人们"要相信自己,只有相信自己,才能成功"。

蒂尼·博格斯的经历给了小李很大启发,坚定了小李一定要奋发向上的信念,也增加了他相信自己的勇气。他想,只要自己一直坚持下去,就一定能成功。

每个人都渴望得到成功,但是在成功路上总会充满荆棘,如果你放弃,那么你永远不会成功。只有不断地坚持,告诉自己"我能行",那么你一定有一天会得到成功。

第三章 培养积极向上的性格

我们不能自由地选择成功,但我们可以去努力争取成功。在生活中,困难与挫折随时会出现在我们的眼前,我们只有拥有一个良好的积极的心态,才能更加客观地区别对待眼前的困难与失败,才能走向真正向往的成功金字塔。

第三章
培养积极向上的性格

具备永恒的进取心

进取心激发了人们抗争命运的力量,它来自内心深处,是完成崇高使命和创造伟大成就的动力。

许多人就像没有被磁化的指针一样,习惯于在原地不动而没有方向,他们在被称之为神秘力量的进取心激发之前,对任何刺激都毫无反应。

正是进取心和意志力——这种永不停息的自我推动力,激励着人们向自己的目标前进。

这种激励存在于我们人类的体内,它推动我们去完善自我,去追求完美的人生。但是,这种向上的愿望,这种力量,如果未被激发出来,就可能会消失。一旦染上了懒惰的习惯,就会让我们停滞不前。

如果我们能够受这种伟大的推动力的引导和驱使,我们就会成长、开花、结果。但是,如果我们无视这种力量的存在,或者我们仅仅是有时才服从这种力量的引导,我们只会变成微不足道的东西,不会有任何成果。

美国作家、哲学家梭罗说:"你是否听说过这样的事情:一个人穷尽毕生精力向着一个目标努力,竟然会一事无成?一个人始终有所期望、受到持久的激励,竟然还无法提升自己?一个人以英勇的姿态、宽阔的心胸、真诚的信念和追求真理的决心去行事处世,竟然没有任何收获物?难道这些努力会白费吗?"

这就是说,进取心最终会成为一种伟大的激励力量,会使我们的人生

更加完满。一旦形成不断自我激励、始终向着更高更好目标前进的习惯，我们身上所有的不良品行和坏习惯就都会逐渐消失，而消灭不良品行的最佳方式就是消除它赖以生存的土壤。

对更高更好目标的渴求是我们根除堕落倾向的最佳方法。我们心中即使是最微弱的进取心，也会像一颗天堂里的种子，只要经过培育和扶植，它就会茁壮成长，开花结果。但是，如果在我们身体和精神的"土壤"里，没有足够的照料和滋养，求上进、求完善的种子就无法成长。而野草、荆棘和有毒的东西却会繁殖蔓延。

大多数的年轻人都认为，进取心是一种天生的东西，而不能通过后天的努力加以改善，这种看法有些绝对。但是，即使是最伟大的雄心壮志，也会由于很多种原因受到严重的伤害。拖延的毛病、避重就轻的习惯都会严重地削弱一个人的雄心。同样，影响理想的东西，也会影响一个人的雄心壮志。

人们通常很早就意识到进取心在扣响自己心灵的大门，但是，如果我们不注意它的声音，不给予它鼓励，它就会渐渐远离我们。正如其他未被利用的功能和品质一样，雄心也会退化，甚至尚未发挥任何作用就消失得无影无踪了。

如果你发现自己在拒绝这种来自内心的召唤，这种催你奋进的声音，那你可要引起注意了。如果你真的是这样，那么，这种声音就会越来越微弱，直至消失。到了那时，你的进取心也就衰竭了。当这个来自内心、促你上进的声音回响在你耳边时，一定要仔细聆听它，它是你最好的朋友，将指引你走向光明和快乐。

第三章
培养积极向上的性格

学会自我欣赏

自我欣赏唤醒善良的心灵，犹如一石击破湖面的平静。人不自我欣赏，则无所为；过于自我欣赏，则亦无所为。因此，把握这个"度"是很重要的。

适当地学会自我欣赏对每一个正常人来说，都是一种很健康的表现。为了从事某种工作或达到某种目标，适度欣赏自己是非常必要的。

欣赏自己，是否像欣赏别人一样重要呢？可以这么说：憎恨每件事或每个人的人，只是显示出他的沮丧和自我厌恶。

一位心理学家曾在他的著作中提到：现今有一种观念极为流行，那就是"人必须调整自己，以适应周围环境的各种压力"。他还指出，这个观念是基于一种理想，他认为："人能毫无问题地适应各种狭窄的管道、单调的例行公事、强制性的规定及达成角色任务的种种压力，等等。但其采取的行动是否成功，则需看其是否具有拒绝、帮助成长或是改进角色的能力，并且要创造、表现出积极的力量。换句话说，就是其成长过程当中，要具有创意性的方针和态度。"

许多人都没有独特的风采，或很清楚地知道自己究竟拥护哪种主张。一个人的行为通常受社交或经济族群的影响，如衣、食、住或思考的方式，大概都与周围的人差不多。假如周围环境与你的个性格格不入，你就会变得神经质或不快乐，会感到失落和迷惑——会不喜欢你自己。

为了学会欣赏自己，你必须培养出面对自己缺点的耐心，这并不意味着你必须降低水准，变得懒惰、糊涂或不再尽心尽力。而是你必须了解一个事实：没有人——包括你自己——能永远达到100%的成功率。期待别人完美是不公平的，期待自己完美则是愚蠢荒唐的，人只有真切地读懂自己，才能使别人欣赏你。

所谓完美主义者其实也如同一般人一样会犯错，会失败，但他所不同的就是有忍耐力，能将痛苦变成动力。只有这样才能真正地面对自己并欣赏自己。

千万别苛求自己，有时候，要学会慢慢地接受自己。

有位医师曾说道："人们惯常在晚上休息时冥想当日的各种活动。这种单独冥想的习惯，显然是学习如何与自己相处的好办法。"

只有你能与自己好好相处，才能期待别人会喜欢与你在一起！

具有积极的人生态度

我们的心态有可能是积极的，也有可能是消极的，但我们极少注意它们，总是让它们自然地发展。如果我们能够有意识地加以控制和引导，就会是另一番样子。

人生的态度无非表现为两种：积极的和消极的。积极的时候，丰富多彩、充满热情与活力；消极的时候，平淡无味，毫无乐趣。

这两种态度中你选择哪一种，决定于你心里的各种念头——是乐观的还是悲观的。你可以仔细想一想：当你做什么事都不顺利的时候，你持的是什么样的心态？

我们的大脑每天都在接受着大量的外界信息。同是一件事，它有令人欢欣鼓舞的一面，也会有令人沮丧的一面。比如说，你求职成功了，这是你一直希望的，你终于有了一个自己的工作，你可以以此为起点，一步一步地建立你的人生大厦；另一方面，它也意味着要面临着更多的困难与挑战，你可能要经历许多次的失败，你可能干不了多长时间就被炒鱿鱼。总之，你再也不能像以前那样自由自在了。这两方面的信息，都会同时输入头脑中。

问题是，我们必须保存那些积极的信息，而尽量删除那些消极的信息。我们必须控制自己的意识，尽量少想甚至根本不想那些对我们不利的方面。一个人若是老摆脱不了那些消极信息的缠绕，他就难以达到期望中的境界。

你如果想毁掉自己，最简单的方法，莫过于想象自己的无能和脆弱。你可以成为强者，也可以成为弱者，就看你怎样去选择了。你愿意选择什么？

1. "不怎么样"还是"非常好"

你应该用积极的语言而不用那些令人泄气的语言来与人交谈。如"你怎么样？""我非常好！你也一样吧？"这是积极语言。相反，像"不怎么样"，"马马虎虎吧"之类，就是消极性的。

不知你是否发现，中国人最喜欢用的一句话是："还可以吧！"其实，从自我暗示的角度来看，这种回答是不可取的。这是一种消极的表

现。说这句话的人,他自己的感觉一定是对现状不太满意的,最起码不是上进的。听到这种回答的人,心理上也不会受到什么激励,也许他原本还是振奋的,结果一听到这样的回答,就像被泼了一盆冷水,满身的热情被浇灭了。

要从不愉快的事情中挑出积极的方面确实是有些困难,但是为了能有积极的心态,你就必须这样做。也许你经历着失败,但失败带给你的是教训、是经验,这难道不是它积极的一面吗?虽然这种教训和经验也许会使你付出了太大的代价,但总比什么也得不到要好。

2．像强者那样

环境并不重要,重要的是你怎样看待它。每个人都根据自己的信念做自己的事。如果你想改变不利于你的境况,你必须拥有积极的信念。为什么人的信念会有很大的差异呢?有的人拥有积极的信念,而有的人则有极为消极的信念。

在你的周围,如果你接触的都是事业上和生活中的强者,都是那种奋发向上的人,你也会自然而然地受到影响,久而久之也会变得跟他们一样。因为你会在不知不觉中模仿他们,以他们为榜样。相反,如果你平时所接触的都是些意志消沉的人,充满了绝望的人,你若要建立强烈的成功信念,恐怕很难。近朱者赤,近墨者黑,确实是这样的。

想想你都跟什么样的人来往,如果对你树立成功信念没有好处,你该怎么办?你该做的就是马上改变自己的生活环境,尽量与能促进自己上进的人交往,尽量感受他们身上那种气质,然后给自己下一个决心:我也要像他们那样!

第三章
培养积极向上的性格

许多时候,你一直不相信自己能做某些事情,但因一些偶然的机会,你做到了,而且做得很不错。这种时候,你是让它悄悄地成为你的历史呢,还是以此为契机,重新为自己设计一个全新的蓝图呢?

一次偶然的机会可以改变你的信念,也改变了你的人生道路,在你的人生历程中,肯定也会有不少偶然经历,你抓住它了吗?

许许多多的人都在抱怨自己,抱怨为什么没有巨额的财富,为什么没有精彩的人生,可是他们并没有意识到,他们完全可以用另外一种态度来看待生活。

在生命的历程中,困难、挫折甚至突如其来的厄运,都有可能降临到每个人的头上。人们处在这一系列难以预料的情况之中,无奈地做着各种形式的抗争。可是这种被动的抗争并没有在多大程度上改变他们的处境。于是他们得出了结论:这辈子,命该如此了。人生多灾多难,难以承受,唯一的解脱办法就是心归佛门了。事实果真如此吗?

在你想得到的东西变为现实之前,你必须先在头脑里得到它们——你要学会做积极的想象。把责任推给周围的环境是一般人最常用的借口,可是在同样的环境中,为什么有的人能取得成就呢?同处在一个公司里,有的人总能按时工作,愉快地接受上司的指示;他尽量把自己职责范围内的工作做好;他适时地提出一些积极有用的建议;他主动地做本来应该是别人做的事;他友好地对待身边的每一位同事;他利用空闲时间学习了大量相关专业知识;他把公司看作是他自己的家,看作他快乐的一部分。

而另外一些人,则喜欢以一种十分"自由"的方式来对待工作。他经常迟到或早退;他从不肯加班;他在工作期间看无聊的杂志甚至玩游戏机;他对他的客户透露了不该透露的秘密;他和同事吵架,当上司出面调

停的时候他又怨恨上司,觉得上司太偏心;下班后的所有时间他拼命地娱乐以发泄自己;他对一切人都没有好感,感到所有的人都在跟他作对,这个世界是灰色的……

第一种人,他会在那种积极的环境中不断进步,达到自己理想中的状态;第二种人则会越陷越深,难以自拔,最后不得不向生活妥协投降。

你如何选择?当然是第一种人!具有积极的人生态度,就会拥有成功的人生。

机会靠自己把握

被动等待,其本质就是在浪费时间,就是在错失良机,就是无异于把自己的命运交付给不可知的未来去操控。许多人终其一生,都在等待一个足以使他成功的机会。而事实上,机会无所不在,重要的是,当机会出现时,你是否已准备好了。

有人坐等机会,希望好运从天而降,这是一种妄想,因为这根本是不可能的。一个拿自己当回事的人会做积极的准备,一旦碰到机会降临,便能牢牢地把握住它。

机会属于有准备的人,也许我们偶尔会得到一个意外的机会,但要相信:好运不会从天而降。

一位探险家在森林中看见一位老农正坐在树桩上抽烟斗,于是他上前打招呼说:"你好!"

第三章
培养积极向上的性格

这位老农回答说:"你好!你知道吗,有一次我正要砍树,但就在这时风雨大作,刮倒了许多参天大树,这省了我不少力气。"

"你真幸运!"

"你可说对了,还有一次,暴风雨中的闪电把我准备要焚烧的干草给点着了。"

"真是奇迹!现在你准备做什么?"

"我正等待发生一场地震把土豆从地里翻出来。"

这种守株待兔的想法,使人啼笑皆非,也许这里将会发生一场地震,但这种可能性会有多大,会有多少这样的事从天而降呢?如果你是一个渴望成功或者说想有所作为的人,千万不要只是坐等机会。在竞争激烈的现实生活中,只有努力创造机会,才能将自己的梦想变成现实。否则,从天而降的机会也不会青睐于你。

我们在努力做准备的同时需要留意,一旦机会经过时,便要牢牢抓住。

有位年轻人,想发财想得发疯。一天,当他得知深山里有位白发老人,若有缘与他相见,则有求必应,想自己肯定不会空手而归,于是,他连夜收拾行李,赶往深山去了。

他在那儿苦等了5天,终于见到了那位传说中的白发老人,他向老人恳求恩赐于他好运。老人便告诉他说:"每天清晨,太阳还没东升时,你到海边的沙滩上寻找一粒'心愿石'。其他石头是冷的,而那颗'心愿石'却与众不同,握在手里,你会感到很温暖而且会发光。一旦你寻找那颗'心愿石'后,你的愿望就可以实现了!"

于是每天清晨,那位年轻人便在海滩上捡石头,发觉不温暖又不发光

的，他便丢下海去。日复一日，月复一月，那位年轻人在沙滩上寻找了大半年，却始终也没找到温暖发光的"心愿石"。

有一天，他仍然像往常一样，在沙滩上开始捡石头。当他发觉不是"心愿石"时便丢下海去。一粒、两粒、三粒……

突然，青年人大哭起来，因为他突然意识到：刚才他习惯性地扔出去的那块石头是"温暖"的。

好运不会从天而降，只有时刻留意身边的事情，才能从中发现"美"来。艺术家罗丹说："不是生活中没有美，而是我们缺少发现美的眼睛。"当机会到来时，如果人的思想麻木不仁就会和它失之交臂。

有许多人终其一生，都在等待一个足以令他成功的机会。而事实上，机会无所不在，重要的在于，当机会出现时，你是否已准备好了，是否抓住了属于你自己的机会。

在过去的岁月中，或许你一直在等待成功的机会，而耗去了过多的时光，却等不到机会的出现。从今天起，在等候的同时，你不妨先做好准备，让自己保持最佳状态，以便在机会出现时，就可以紧紧抓住，不让它从你身边溜走。

满腔热情地工作

当你告诉自己一定要有工作热情时，你就会自动产生一种力量，你就会自然而然地拥有热情。有许多人并非没有才华，他们在某一领域里的丰富知识甚至令同行们难以企及，但他们的事业却是平淡无奇；相反，有些

第三章
培养积极向上的性格

人不一定有很渊博的专业知识，但由于充满了热情，于是他们拥有显著的业绩。

热情不是天生的，它需要先播下热情的种子，然后再进行精心照料，那样它才能慢慢地成长壮大。如果你每天都能充满热情地投入工作，你的成功将变得轻而易举。

你的热情还可以带动周围的人。人是极容易受周围气氛影响的，无论你是推销员也好，公关人员也好，热情会令你更加具有说服力，更能给别人留下深刻的印象。

可以想象得到：一名带着微笑的推销员站在你的面前，以一种清晰而又富有节奏的语气向你陈述他的产品的性能。他时时在注意着你的反应，并且适当地留出时间让你来表述你的观点。遇到这样的推销员，你即使不买他的产品，也会对他的产品有好感的。

而如果推销员缺乏足够的热情，虽然脸上强装出几分笑意，但一看就给人虚假的感觉，他喋喋不休地对你说着什么，似乎只是把一件他自己不喜欢的东西转手出去。当他机械地把那些早已背熟了的话说一遍之后，木然地问你要不要……在这种时候，你肯定巴不得他赶紧走。

你的热情所散发出来的感染力令你周围的人受到影响，他们会理解你，他们自己也会变得像你一样有热情。你们一起谈论合作计划，热情使你们的合作更加顺利。无论是在工作上还是生活上，你若能拥有热情，你会变得更加快乐。

那么你该如何使自己更热情？

首先，你得有热情的信念。你必须尝试着对你所要做的事产生兴趣，这样才会有热情的信念。比如同一个人握手，在你的心里必须对自己说：

"他是我的好朋友……我正在有力地握着他的手!"这种内心的感觉表现在外就是热情。别人就会很容易地感受到你的积极信念。所以说,握手绝对不是简单的肢体运动,它要求你的心和你的面部表情协同一致才能做得完美。

其次,要相信你自己。只有自信才能建立热情。一个精神萎靡的人,对一切都没有兴趣,又怎么能有热情呢?你对谈判对手说:"但愿我们这次不要无功而返。"一开始就说这种泄气话,怎么可能在谈判中保持热情呢?如果你自信地说:"我们一定会合作愉快的。"这样对方也会受到你的感染,从而在谈判桌上更容易达成协议。

再次,热烈的行动也可以增强你的热情。它是通过外在的刺激,来改变你内心的消极状态,激发你的能量,从而使你表现出热情。

此外,挑战之心能够创造热情。比如练习跳高时,你如果觉得能否跳过无所谓,那你大多会跳不过;如果你不服气,非得跳过那个高度不可,你就会感到有一股力量促使你要越过那根横杆。你不断地练习,反复地跳,未达目标就不罢休。最后,你跳过了。这是你的胜利,是你永不服输的决心激发了你进取的热情。

因此,我们要有致力于挑战的决心。许多东西起初看起来是难以逾越的,但是如果我们勇敢地接受它们的挑战,我们就会发觉它们并非想象中的那么可怕,挑战之心令你充满热情。

第三章
培养积极向上的性格

追寻生命的价值

德国大诗人歌德说:"人的一生中最重要的就是要树立远大的目标,并且以足够的才能和坚强的忍耐力来实现它。"

我们几乎随处可见这样的人,他们一生都做着简单平常的事情,他们似乎也因此就满足了,但实际上他们完全有能力做一些更高级的事情。

许多人没有足够的进取心来开创伟大的事业,因为他们的期望值很低,所以不可能从一点一滴做起开创一项伟大的事业。生活目标的狭隘限制了他们确立宏大的进取心。

雄心壮志使得美丽的人生有了可靠的基石。它督促我们去完成目标,帮助我们抵抗那些足以毁灭我们前途的诱惑。

如果人类没有创造世界和改进自身条件的雄心壮志,社会就不会有所发展。

与为了实现雄心壮志而进行的持续努力相比,没有什么东西可以如此坚定我们的意志。它引导我们的思想进入了更高的境界,把更加美好的事物带进了我们的生命。

有什么比追寻生命价值更高的理想吗?在雄心壮志的激励下,失败几乎是不可能的。在不同的外界环境下,人们的理想也不同。一个人或一个国家的理想与其现实条件和未来发展潜力是相关的。

很多年轻人一开始就没有明确的计划,对于成功的梦想犹豫不决,缺

乏有价值的目标。当他们跨入社会后,只是随便找个工作,而且工作还不一定适合他们,他们似乎对此也无所谓。没有任何雄心和抱负在激励他们追求更高的目标。

许多人没有明确的理想和生活目标,只是漫无目的地混日子,与时代的要求相去甚远。虽然这个时代的巨大变革已经使年轻人了解到了肩负的责任和理想的重要,但是我们仍然可以看到到处都有一些没有生活目标的年轻人在虚度光阴。他们就这么按部就班地生活,随波逐流。如果你问他正在做什么,他的理想是什么,他会告诉你,他其实也不知道自己想要做什么。他只是等待着一个好机会的出现。

一位哲人说:"现在的问题是,我们总是处在不能做的大事与不屑做的小事之间,结果我们一事无成。"

对于获得成功的人来说,拥有出色的才干、受过高深的教育和有着良好的身体条件还不够。无数具备这三个条件的人仍然失败了,或者过着平庸的生活,因为他们没有以积极的态度去争取成功。由于缺乏巨大的动力和崇高理想的激励,他们的能力没有得到充分施展。

歌德说:"人的一生中最重要的就是要树立远大的目标,并且以足够的才能和坚强的忍耐力来实现它。"

许多人在竞争中失败,并不是由于自己的失误,他们不再进取只是缘于一些人性上的弱点。他们中的不少人缺乏坚韧、目标和意志,而其他一些人则缺乏决断力和勇气。这些人如果能再坚持一下,也许就可以获得成功了。

如果你的动力足够大,那么与之匹配的能力也将随之而至。如果你面前有一项非常有吸引力的奖品在激励着你,那么,你一定可以变得更加敏

第三章
培养积极向上的性格

捷，更具有创见，更加细致而勤奋，更加机智而思虑周全，而且会有更加稳健清晰的头脑，你也一定会获得更好的判断和预见力。

无论你拥有怎样的雄心壮志，都请你集中精力为之努力，而不要左顾右盼，意志不坚。不要给自己留退路，一心一意为了理想而奋斗。只有集中精力才能获得自己想要的成功。

花园里的园丁懂得，要修剪掉无用的枝条，因为它们也消耗养料。为了那些重要的事情，你是否也应该集中精力而改掉那些不良习惯呢？如果你不能改掉那些牵扯你精力的不良习惯，你就无法接近那些使你获得成功的重要机会。

成功是一个选择和放弃的过程，为了追寻有价值的事情，放弃对你无价值的事情，可以使你赢得充分的时间。

只有受到伟大目标的激励，只有执着地追求有意义的人生，你才能在世界上做出一番大的成就。成就的大小与成就本身的性质，在很大程度上都取决于进取心和决断力。如果你现在在这两个方面还没有做好充分的准备，那么，从现在开始你一定要努力地培养这方面的品质，否则会一事无成。没有哪一个有成就的人不是通过不懈的努力达到目标的。一旦进取心消退了，我们就失去了前进的动力；一旦动力消失了，我们就会随波逐流。

如果人的能力越差，就越应该尽可能多地利用这种才能。如果你只有一项才能可以用来谋生，你就应该比拥有十项才能的人更加努力，更加充分发挥这种唯一的才能，实现自己人生的价值。

机会不偏向任何人

机会是打开成功大门的钥匙,一旦有了机会,就要不断地努力,以获取成功的可能。上帝赐予每个人同样多的机会,而那些勇敢奋斗和坚强的人更容易获得成功。

自信的人常说:"我总有机会!"而缺乏自信的人却常说:"我没有机会!自己之所以没有成功是因为缺少机会,没有得到成功的垂青,好位置会让别人捷足先登,等不到自己去竞争。"

一个有意志的人决不会找这样的借口,他不会等待机会,也不向别人哀求,而是靠自己的努力去创造机会。他深知,唯有自己才能给自己创造机会。

成功取决于我们能否抓住机会。只有努力工作,才能使机会转化为成功。

在我们的生命中,机会一直存在着,我们需要的只是正确地认识它们。

当我们自己确立了目标之后,我们真正能做的只是抓住机会。这样,那些令我们熟视无睹的看似偶然的事件就会变成真正的机会。

如果一个人做一件事情,总要等待机会,那是极其危险的。一切努力和热望,都可能因等待机会而付诸东流,即使机会来临,也可能因为不具备条件而丧失。

在社会生活中,到处都有无业的人,好像是社会对劳动力的需求过剩。但事实上，却同时有许多空缺的职位正等待有人去填充。在每种职业的门口，都有"诚聘员工"的广告。当然，企业界所招聘的是那些受过更好训练的有准备的员工。

人们往往把希望要做的事业，看得过于高远。其实最伟大的事业，都是在最简单的工作中一步一个脚印地前进，最后达到事业巅峰的。

成功和业绩，永远都属于那些富有奋斗精神的人们，而不是那些一味等待机会的人们。良好的机会完全在于自己的创造，如果以为个人发展的机会在别的地方，在别人身上，那么一定会遭到失败。机会其实包含在每个人的人格之中，正如未来的橡树包含在橡树的果实里一样，关键看你能否努力争取去发现它。

千万不要开口说"我没有机会"或者说"这样的环境注定要一生碌碌无为"，千万不要有这样的认识，因为，那些曾经身处贫民窟的孩子们，通过自己的努力奋斗、抓住机会，有的不也成为大银行家、大金融家、大商人了吗？那些大商店和大工厂，有许多不就是由那些抓住机会的人靠着自己的努力而创立的吗？

上帝是公平的，其实，机会属于每个人。

保持平常心

生物界的一切生命都是宝贵的。人生是幸福的，而奋斗则是我们体验人生幸福的一个历程。

我们虽然有不少缺点，但我们绝不能因此而消沉下去，我们可以保持

积极的心态，可以使自己快乐。每一个逆境都是磨炼我们的好机会，我们应该欢迎它们，而不应该害怕它们。一旦我们克服了它们，更美好的人生就会出现。那时候我们就会觉得，我们真的战胜了自己，我们的各种努力都没有白费！

我们都喜欢做自己想做的事情。可是，如果你的工作不称心呢？在这种情况下，你仍然可以通过一些改变，使自己保持愉快的心境。你可以把周围的环境改变一下，使它能适应你，而在你不能改变环境的时候，就改变自己，以适应环境的需要。无论在什么情况下，你都要保持愉悦的心态，保持一颗平常心。

命运的酒越是苦涩，我们越应该笑脸面对，保持愉悦的心态。笑是一种状况良好的表现。如果一个人在恶劣的环境中仍然能保持笑容，这就说明他具有超强控制命运的能力。笑是人类行为中最动人、最富有力量的。

人应该有一种泰然处之的处世之道，若被挫折轻易击倒，人生还有什么意义呢？

有的人，本来一直过着美好幸福的生活，令人羡慕。可是他们自己却偏偏在这时候有了这样的念头：我们是不是太安逸了？是不是太顺利了？这是否预示着什么？这种想法一旦播下了种子，就会迅速地生根、发芽，最后成长壮大，到后来，以至于他们开始感到极度的不安和焦虑。

你应该坚信：你的生活既然已经很美好，它就会继续美好下去。事情本来就应该是这样的，你完全没有必要去考虑它的反面。即使真的发生了麻烦，你也应该相信自己的处理能力，麻烦还没有到来，你却先把自己击倒了，这并不明智。

有的人当面对日思夜想终于到手的财富时，他们反而不知该怎样去处

第三章
培养积极向上的性格

理这些财富。这时候他们反而感到一种恐惧。为了驱赶这种内心的不安，他们到处寻找刺激，花花绿绿的夜总会、俱乐部里，留下了他们奔忙的身影。甚至，他们参与了赌博、吸毒……

人要保持一颗平常心，做到这一点很不容易。不以物喜，不以己悲，才是人生的最高境界。

有这样一个故事：一个富翁家总是吵架，鸡犬不宁，但富翁的邻居是一对穷夫妇，虽然粗茶淡饭，却其乐融融。富翁看了十分妒忌。"他们过得也太好了，我得想办法给他们添点麻烦。"一天晚上，他偷偷把一个金元宝扔进那对穷夫妇的院子里。那对穷夫妇第二天捡到这个金元宝时高兴得不得了，面对这飞来的横财，他们非常激动。可是一会儿就犯愁了：这金元宝肯定是别人掉的，要是被别人知道自己拾到了，那可就有麻烦了。拿去买东西，肯定也会被人怀疑的。于是他们决定先把它藏起来再说。可是藏起来之后，还是担心哪一天会有人找上门来索要。就这样，他们俩从此变得惴惴不安，夫妇俩也常为一些琐事吵架，平日和睦的气氛被破坏了。

被媒体披露的那些大贪官，他们过得很快乐吗？恰恰相反。这些不义之财虽然给他们带来丰富的物质享受，但这些并不能弥补他们精神上的担惊受怕和空虚。许多贪官被捕后承认：他们有时睡觉都睡不安稳，总担心有一天警察会突然出现在他们面前。

生命对每个人来说都只有一次，为了使它更有意义，我们应该自信而不是自卑；应该积极地看待它而不要消极地看待它；应该有一颗平常心，而尽量少一些躁动不安。

热爱生活吧，它是美好的，它属于你！

期待自己做得更好

无论你从事什么行业,无论你有什么技能,你都应该争取在这一领域处于领先的位置。卓越,永远是人类进步的追求"北极星"。它不仅造就了无数成功的企业和杰出的人士,而且还激励着每一个努力完善自己的人在未来不断地创造奇迹。

"美国钢铁大王"安德鲁·卡内基曾经说:"我是不会帮助那些缺乏成为企业领袖的雄心壮志的年轻人的。"要敢于树立这样的目标:要成为主管、经理和老总。不管你目前的职位有多高,仍然应该告诉自己:"我的职位应在更高处。"要敢于梦想,要立下决心——得到那个让人羡慕的职位,并且发誓一定要为之竭尽全力。

对于一个人的生命来说,没有什么比你的人生态度更重要的了,这种态度包括你对自己的评价和你对未来的期望。如果你的态度是消极而狭隘的,那么,与之对应的就是平庸的人生。你必须以高于普通人的眼光来看待自己,你必须幻想自己能拥有更高的职位,以督促自己努力得到它;否则,你永远也得不到。不要怀疑自己实现目标的能力,否则,就会削弱自己的决心。只要你憧憬着未来,其实就是你在向着目标前行。

一位作家说过:"我对于那些刚刚走上社会的年轻人的建议是:开始时就要有坚定的理想和确定的目标,除非业已实现,否则决不要轻易放弃。"

第三章
培养积极向上的性格

我们的成长在很大程度上都依赖于某些方面的激励。可以说，人的每一次行动都需要一定的激励。当缺乏内在动力的时候，我们不会自觉地做任何事情。而对一个普通人来说，生命中最大的推动力往往是要在社会上安身立命、出人头地的愿望。

对于北极的幻想使美国探险家罗伯特·皮里树立了征服地球极地的目标，在无数次的失败后，这个幻想终于将他送到了地球的极地。同样坚定的理想使得年轻的本杰明·迪斯雷利从英国的下层社会奋斗到上层社会，直到最后成为一个世界大国的首相，居于社会和政治权力的中心。

所有来自社会底层的成功者都有着同样的经历，他们在自己前进的道路上都受到内心力量的有力推动，这种力量几乎无法抗拒。

这种内在的推动力是我们生命中最神奇和最有趣的东西。它存在于每个人身上，就像自我保护的本能一样明显。在这种求胜的本能的驱使下，我们走进了人生赛场。

人们最好的工作成果是实现了自我，超越了自我，是经过努力实现了崇高的理想。就像在最激动人心的时刻，演说家已经融化到了雄辩的火焰中。无论在艺术领域还是商业活动中，无论在科学事业还是日常生活小事中，幸运之神总是追随着优秀的人。

我们通过有效的工作来获得自己追求的东西，来实现雄心壮志。在向上攀登的过程中，我们要付出巨大的努力，这也是有些人难以取得个人成功的原因之一。他们往往缺乏向上攀登的巨大动力，而正是这种动力激励着我们去实现自己的理想。所有事实都表明，进取心是所有伟大成功者的"领路人"，正是进取心为他们的前进开辟了道路。

但是，仅仅有强烈的进取心还是不够的，要成为成功人物还需要具备

丰富的常识和良好的判断力。否则，具有雄心壮志的人也只能与成功擦肩而过。

一个过于高估自己能力的人如果没有弄清自己的实际能力和缺陷，他的下场就往往很可怜。对一个人来说，知道自己不能做什么，与知道自己能做什么同样重要。

美国诗人朗费罗曾经说："仔细分析一下自己，最重要的是看清自己可以在哪个方面赢得成功。"

每个人都有属于他自己的工作。认真地分析一下自己适合做什么，恰当地估计自己成功的可能性，有助于今后的事业。一个人应该积蓄自己的能力，将它投入到最适合自己的地方。无论有多大的进取心，无论有多少力量，拥有一种才能去做需要十种才能的工作是不可能的。我们只需尽力，而不必强求。

衡量自己的能力，知道自己能做些什么，避免制定过高的目标，对于我们来说都是非常重要的。

把握现在，展望未来

聪明的人都明白过去的已经属于过去，"那时"发生的一切决不再来，人绝不可能回到过去。所以每个人都不应该将过去的荣誉与失败整天挂在嘴边，如果你因过去的事情耗尽现在的时光而一蹶不振，那么抛弃过去的第一步便是放弃这样的态度。要彻底改变自己对待现在的态度，而不是人为地努力消除过去确实发生的事情。

第三章
培养积极向上的性格

一个对自己充满自信的人并不会为他所缺少的感到悲哀,而是为他所拥有的感到欢喜。明智的人能够超越消极的情绪,每当他想起新的生活、新的经历,就会兴奋不已。一个人若不能抛掉过去的阴影,是无法踏上成功之路的。

那么如何对付过去人生遇到的各种不幸呢?

著名成功学导师安东尼·罗宾告诫我们:把苦恼、不幸、痛苦等认为是人生不可避免的东西统统扔掉。当你遇到不幸时,你得抬起头来,严肃对待,并且说:"这没有什么了不起,它不可能打败我。"然后,你得不断重复使人愉快高兴的话:"这一切都会过去。"

面对自己遇到的不幸,要学会自己宽容自己。宽恕他人比宽恕自己做起来要容易得多,没有任何一种惩罚比自我责备是更为痛苦的了。

过去的事情属于过去,因为你无法改变它了。失去的未必就是好的,只要你从中吸取获得更大的经验教训,就能克服以后的危机。

有句话说得好:昨天是一张已注销的支票,明天是一张空头支票,今天是手上的现金。因此认清今天是我们唯一能利用的时间,就去善加利用吧。

人生成功的秘诀就是:抓住现在,不要沉湎于过去。

有些人之所以不能免于失败,是因为不能回复到完全的现在状态,没能发现生命的美好,也没能继续选择生命。

为什么一个人必须活在现在的状态中呢?其实,答案很简单:如果你劲头百倍地度过你现在的时光,时间将一闪而过,显然不会有沮丧或忧虑的时刻。心理医生在从事心理咨询时不可避免地会碰上抑郁症患者,而最佳药方便是让患者有充实的活动。繁忙的人很少有时间表露自己的情绪问

题。当然,过于繁忙本身也是不值得提倡的,但对于那些消极者、危机者具有情绪低落或抑郁而言,积极地投身于现在的工作或各种活动中便是迄今克服危机最为有效的良方,尽管道路是曲折的,但是未来光明一片。

忘掉过去,轻松面对未来,努力为下一个目标而奋斗!

做好你的人生规划

若你有盖小房子的成功经验,便能画出大房子的构图。如果你没有盖中、小房子的经验,却突然要制订盖大房子的计划,这就不现实、不可行了。当然,长期停留在盖小房子的水平上,就没有激励价值,也就谈不上成功和卓越了。

人生如同盖房子一样需要仔细规划,没有仔细规划的习惯,只能使自己每天过粗糙的、糊涂的生活。大多成功的人都善于在自己的人生规划上精打细算。马克思说:"最蹩脚的建筑师从一开始就比最灵巧的蜜蜂高明的地方,是他在用蜂蜡建筑蜂房以前,已经在头脑中把它建成了。"

这种对自己的未来进行设计、规划的过程就是对事业目标策划的过程。

善于思考、规划的人都明白,人生规划是一个人比较全面的长远的发展计划,而按阶段有步骤地制订计划是何等的重要。对自己负责的人之所以能成功,最重要的是他掌握了这样一个原则——将生活中的一分一秒的时机和经验积累起来。

若你要得到一份成功的计划,至少要在头一天的傍晚或晚间制订出

第三章
培养积极向上的性格

来，还要为第二天应该做的事情排出先后顺序，至少要写出6个以上的明确顺序的内容。于是，第二天清晨醒来，你就按照事情的顺序，一一去身体力行。

每天结束后，当你再次确认这张计划表时，你就会发现，收获一定很多。完成的事情用笔划去，新的事情增加上去，一天内尚未完成的，找出主客观原因并确定解决的方法后，顺推到下一天去完成。这样一来，你的成功计划就会一天天丰满起来。

一个令你满意、使你成功的计划，从现实到长远都应是周全的，因而计划应该是明确的。怎样才能使计划具有积极意义呢？其秘诀就在于制订明确细致的计划，将它写成文字妥善保存，并在每天中按计划执行和检查。

制订了计划，势必推进它而不拖延。每天都要有新的计划，即刻行动起来！对确立的计划，应该坚定不移地执行到底。只要你能够坚持就会使你天天向着理想的目标迈进。

人们往往都会有这样的体会：当确定只走1千米路的计划，在完成0.8千米时，便有可能感觉到累而松懈自己，以为反正快到目标了；但如果目标是走10千米路程，便会做好思想准备和其他准备，调动各方面的潜在力量，在走了7~8千米后，才可能会稍微放松一点。可见设定一个远大的计划，可以发挥人的巨大潜能。

那么你的计划是怎样的呢？

试着去做你的计划，去成功规划你的人生，这会使你取得更大的成功。

第四章
培养持之以恒的性格

许多人都缺乏一种持之以恒、不达目的决不罢休的精神，有些人虽然有一时冲动的激情，但却缺乏面对挫折的坚强的毅力，因此成功往往与他们擦肩而过。具有钢铁般坚强意志的人，他们从不会想自己能否成功，他们唯一考虑的就是如何前进，如何接近成功。

第四章
培养持之以恒的性格

勇敢地面对挫折

在美国西部的淘金热中，有个人发现了一个金矿，他就买了机器、凑足了人员，开始大规模的挖掘。起初，他挖到了高质量的矿石。可是矿脉奇迹般消失了，挖掘机挖出来的只是普通的泥土。他又继续挖了数天之后，情况仍是如此，最后他只好放弃了。

于是他以极低的价格把机器卖给了当地一位收破烂的人，然后打道回府了。那位收破烂的人买到机器后请来一位专家，对原来挖矿的地方做了一番检测。结果发现，在离停止挖掘的地方不远，蕴藏着数百万美元的金矿！收破烂的人因此而发了一笔大财。

一个简单的放弃损失了数百万美元！这是多么巨大的代价！只要再前进一步，成功就可以到手。可是，为什么人们总是差那么一点点呢？当人们遭遇挫折的时候，本能的反应就是摆脱困境，逃到很安逸的地方去。可是他们却往往不知道，其实成功就在他们的附近。

我们是自己命运的主人，我们有能力控制自己的思想。要想得到成功，我们必须把强烈的成功欲望注入我们的头脑，任何时候都不要削弱它，直到它驱使我们拿出行动、达到目标为止。你必须知道你想要什么，并且想办法把这种想法变得更为强烈，如此你才能获得成功，本能的逃避将令你一事无成、一无所获。

失败在多数时候并不代表结果，而往往代表的是新的开始。就伟大的拿破仑本人而言，他的一生中经历了无数次大大小小的失败，但他一直没

有为之所击倒。他说:"成功者并非不失败,而在于屡跌屡起!"虽然在最后他确实是失败了,但人们却牢牢地记住了他的名言,仍然把他视为成功者。

可以说,有些失败是非常有价值的,也是非常必要的。一些经验和教训,人只有在自己亲身经历的失败中才能深刻地体会到。只有亲自体验过了,才会有更强烈的印象,才能真正地吸取教训。

别人的教训也能在一定程度上给予你警戒作用,但远远不如你自己的教训所带来的自我反思来得强烈。

一位母亲带着她的孩子到商场里买东西,孩子对一个很大的冰激凌产生了强烈的兴趣,他求母亲给他买。母亲对他说:"那冰激凌太大了,你肯定吃不完。"孩子肯定地说:"我一定能吃完!"母亲再次劝告:"我知道你吃不完的,那会很浪费。"但那孩子坚持要买。母亲无可奈何,只好给他买了一个。事情正如母亲所料的那样,孩子果然只吃了一半就吃不下去了。母亲坚持让他吃完。孩子只好强迫自己把它吃完。最后母亲问孩子感觉如何时,孩子说:"太难受了,我早应该听您的话。不过我以后再也不会让您买这么大的冰激凌了。"

这位母亲非常聪明,知道如何让自己的孩子亲身体验教训,让孩子自己去得出结论,而不是把观念强加于孩子。对那个孩子而言,不得不忍受了一次痛苦,也许他一辈子都会记住这一次经历。如果没有这次经历,即使他妈妈告诉他很多这方面的教训,他也只会当耳边风。

我们也像那个孩子一样,亲身体验之前总想试一试。别人劝告说:"不要冲动,要冷静!否则你会吃亏的。"可是我们总觉得他们太"保守","缺乏激情"。一旦我们真的采取行动,最后发觉行不通了,才会感到别人是对的,才会后悔为什么当初不听取他们的意见。

第四章
培养持之以恒的性格

失败，并非你的污点，而是你的财富，你可以勇敢地面对它，然后从中找出对你有用的东西。正视失败，分析失败，最后你才能避免更大的失败。受伤是痛楚的，可是你必须认真地想一想你为什么受伤，你必须想清楚下一次怎样才能避免再次遭受同样的命运。

如果我们都能认真地从别人的失败中吸取教训的话，那么我们一生中所经历的失败次数会减少很多，但是我们无法做到。别人的经验和教训，我们只能接受一部分，而另外一部分必须在自身的失败经历中才能获得。

从一两次的成功中我们往往学不到更多的东西，往往感觉自己已经做得很好了。只有在那些不断的失败中，我们才能更清醒地、更理智地认识和分析自己，我们从中得到的认识才更深刻。就像一个人平稳地走路不会有什么特别的感觉一样，即使路上有石头，他也不会提醒自己下次要注意，但是如果他被石头绊倒了，他就会得出一个教训。只有这样，失败才有可能成为成功之母，挫折才能使自己获得经验。

毅力带来奇迹

毅力是一种精神，是人们为了实现目标表现出的坚持不懈的精神。毅力往往会给你的人生创造不朽的奇迹。

一个人的成功，智力因素固然重要，但坚强的毅力对于他们的成功则更为重要。毅力能创造奇迹，能化平凡为神奇。因此锤炼毅力对于一个人的成功确实是十分重要的。有没有顽强的毅力，是能否登上成功之巅的决定性因素。摘取奋斗之果的成功者是最令人钦敬的，而多数人却在毅力的

试金石面前败下阵来。一位日本作家说过:"想成功的人是多,但坚定而有毅力的人就少了。能做到不受流行思潮的干扰,始终坚持自己的看法,不偏离目标的人太少了。若是仅仅能走到某个地方就行,能走的人很多。可是能再往前走一步两步的人就少了。"向着既定的目标,坚定不移地前行,在千回百折、艰辛困苦面前,用毅力来超越极限,是创造奇迹、走向成功的要义。

有了顽强的毅力和百折不挠的韧性,能给普通人带来奇迹,让他由平凡走向伟大。同样,拥有顽强的毅力,残疾之躯也能创出人们难以想象的奇迹。英国著名物理学家霍金患有卢伽雷氏症,肌肉严重萎缩,基本上失去了行动能力,手不能写字,话也讲不清楚,终生要靠轮椅生活的人,但他居然凭着一个小书架、一导体小黑板和一个学生做助手,登上了科学之巅,在天文学的尖端领域——黑洞爆炸理论的研究中,做出了震惊天文界的重大发现,被世人誉为"另一个爱因斯坦"。这位科学奇才的奋斗史确实令人惊叹不已。正是坚强的毅力让他战胜了成功路途上巨大的艰难和困苦,取得了常人无法取得的成就。

曹雪芹创作巨著《红楼梦》用了10年工夫,王桢创作《农书》用了15年时间,司马光编《资治通鉴》耗去了19年光阴,哈维写《心血运动论》费时26年,哥白尼著《论天体的行动》用了30年,马克思的《资本论》历40年艰辛创作而后面世,歌德的长诗《浮士德》一写就是60年……

在其他方面,取得不朽成就的都是属于拥有顽强毅力的人。毅力能创造奇迹。纵观历史,一颗颗巨星的升起,就是毅力筑成的丰碑,一次次丰收的喜悦,都是毅力造就的奇迹。

一般人都觉得能够获得外部的帮助是一种幸运。但是,从不利的方面看,外部的帮助常常又是一种障碍,并不能使你奋发有为,自立自助。

第四章
培养持之以恒的性格

抛弃依赖,以顽强的毅力面对一切,唯有如此,你才能真正走向自立自强的成功之路。

积少成多创伟业

刻意地安排时间并不能取得满意的结果,只有抓住一切可利用的时间才会取得更好的结果。

一个人曾经有这样的经历:有一天,老师给他教课的时候忽然问他:"你每天要用多长时间练钢琴?"

他回答说:"大约三四个小时。"

"你每次练习时间都很长吗?是不是有个把钟头的时间?"

"我想这样才好。"

"不,这样不好!"老师说,"你长大后,每天不会有长时间的空闲。你可以养成习惯,一有空闲就几分钟几分钟地练习。比如在你上学以前,或在午饭以后,或在工作的休息余闲,5分钟、5分钟地练习。把练习时间分散在一天里面,这样,弹钢琴就会成为你日常生活中的一部分了。"

当时,他对老师的忠告未加注意,但后来回想起来真是至理名言,事后他得到了不可估量的益处。

当他在大学教书的时候,他想搞业余创作。可是上课、看卷子、开会等事情把他白天和晚上的时间完全占满了。差不多有两年时间,他都没有动过笔,他的借口是"没有时间"。后来他突然想起了当年那位老师告

诉他的话，于是他就按老师以前说的话去做。只要有5分钟左右的空闲时间，他就坐下来写作100字或短短的几行。

出乎意料的是，在那个学期，他竟写出了相当多的稿子。后来，他用同样积少成多的方法，创作了好几部长篇小说。他的授课工作虽一天比一天繁重，但是每天仍有许多可以利用的短暂余闲。他同时还练习钢琴，发现每天小小的间歇时间，足够他从事创作与弹琴。

利用很短的时间，你能把工作做得很好，如果只有5分钟的时间给你写作，你切不可把4分钟消磨在咬你的铅笔上。思想上事前要有所准备，一旦有时间可以利用的时候，就要立刻把心神集中在要做的事情上。

时间能积少成多，如果毫不拖延地充分地加以利用，就能获得更多的时间，做更多的事，以形成持之以恒的习惯。

恒心比力量更重要

巨大的成功靠的不是力量而是恒心。商业竞争常常是持久的竞争，有恒心和毅力的经营者往往成了笑到最后、笑得最好的胜利者。

1864年9月3日，斯德哥尔摩市郊突然爆发出一阵震耳欲聋的巨响，滚滚的浓烟雾时间冲上天空，一股股火花直往上蹿。当惊恐的人们赶到出事现场时，只见原来屹立在这里的一座工厂已经被无情的大火吞没了。火场旁边，站着一位三十多岁的年轻人，突如其来的惨祸和过分的刺激，已使他面无人色，这个大难不死的青年，就是后来闻名于世的弗莱德·诺贝尔。

第四章
培养持之以恒的性格

诺贝尔眼睁睁地看着自己所创建的生产硝化甘油炸药的实验工厂化为灰烬。人们从瓦砾中找出了五具尸体，其中一个是他正在大学读书的活泼可爱的小弟弟，另外四人是和他朝夕相处的亲密助手。五具被烧焦的尸体令人惨不忍睹。诺贝尔的母亲得知小儿子惨死的噩耗后悲痛欲绝。年老的父亲因太受刺激引起脑溢血，从此半身瘫痪。然而，诺贝尔在失败和巨大的痛苦面前却没有动摇。

惨案发生后，警察当局立即封锁了现场，并严禁诺贝尔恢复自己的工厂。事后人们像躲避瘟神一样避开他。再也没有人愿意出租土地让他进行如此危险的实验。然而困境并没有使诺贝尔退缩，没有多长时间之后，人们发现，在远离市区的马拉仑湖出现了一只巨大的平底驳船，驳船上并没有装什么货物，而是摆满了各种设备，一个青年人正全神贯注地进行一项神秘的实验。他就是在大爆炸中死里逃生、被当地居民赶走了的诺贝尔！在令人心惊胆战的实验中，诺贝尔没有连同他的驳船一起葬身鱼腹，而是发明了雷管。雷管的发明是爆炸学上的一项重大突破，随着当时许多欧洲国家工业化进程的加快，开矿山、修铁路、凿隧道、挖运河都需要炸药。于是人们又开始亲近诺贝尔了。他把实验室从船上搬迁到斯德哥尔摩附近的温尔维特，正式建立了第一座硝化甘油工厂。接着，他又在德国的汉堡等地建立了炸药公司。一时间，诺贝尔生产的炸药成了抢手货，订单源源不断地从世界各地纷至沓来，诺贝尔的财富与日俱增。

然而，获得成功的诺贝尔并没有摆脱灾难。在旧金山，运载炸药的火车因震荡发生爆炸，火车被炸得七零八落；德国一家著名工厂因搬运硝化甘油时发生碰撞造成爆炸，整个工厂和附近的民房变成一片废墟；在巴拿马，一艘满载着硝化甘油的轮船，在大西洋的航行途中，因颠簸引起爆炸，整艘轮船全部葬身大海……一连串骇人听闻的消息，再次使人们对诺

贝尔望而生畏,甚至把他当成瘟神和灾星。如果说前次灾难还是小范围内的话,那么这一次他所遭受的已经是世界性的诅咒和驱逐了。诺贝尔又一次被人们抛弃了,面对接踵而至的灾难和困境,诺贝尔没有一蹶不振,他身上所具有的毅力和恒心,使他对已选定的目标义无反顾,毫不退缩。在奋斗的路上,他已习惯了与死神朝夕相伴。

炸药的威力曾是那样不可一世,然而,大无畏的精神和矢志不渝的恒心最终激发了他心中的潜能,最终征服了炸药,吓退了死神。诺贝尔赢得了巨大的成功,他用自己的巨额财富创立的诺贝尔科学奖,被国际科学界视为一种崇高的荣誉。

诺贝尔成功的经历告诉我们,恒心是实现目标的过程中不可缺少的条件,恒心是发挥潜能的必要条件。要有百折不挠的巨大力量,就必须有战胜一切的恒心。

在哪里跌倒,就在哪里爬起来

在人生的道路上,每个人都会遇到很多困难,也会被困难吓倒,但是在跌倒的时候,一定要爬起来。

其实,爬起来的一刹那,你可能就已经拥有了自己承受任何打击的决心。人生无法一帆风顺,总有磕磕绊绊之时,这就是打击。但是不管你是怎样跌倒的,也不管你跌得怎样,意志坚定的人,能够持之以恒的人,就一定会爬起来!

人性有丑陋的一面,你跌倒了,如果你本来就不够优秀,不被别人看

第四章
培养持之以恒的性格

得起,那别人就会因为你的跌倒而更加看不起你;如果你已有所成就,那么你的跌倒就将是许多心存妒意的人期待已久的好戏。所以,为了不让人看轻,为了维护你的尊严,你一定要爬起来!

跌倒并不代表永远起不来,但你首先得爬起来,才能继续和他人竞争,躺在地上是不会有任何机会的,所以你一定要在哪里跌倒,就在哪里爬起来。

如果你因为跌重了而不想爬起来,那么不但没有人来扶你,而且他们还会把你当成唾弃的对象。如果你坚强地爬起来,别人会赞赏你,甚至帮助你;如果你丧失爬起来的意志与勇气,当然不会有人来帮助你,因此,你一定要爬起来!

一个人要成就一番事业,其意志是相当重要的。意志可以改变一切,跌倒之后忍痛爬起,这是对自己意志的磨炼,有了如钢的意志,便不怕下次再跌倒。只有你在爬起来的时候,你才能真正地感受到跌倒的伤害程度。

总之,不管跌得是轻还是重,只要你爬起来,就会抓住成功的机会,就不会被别人看不起。就算爬起来又倒了下去,至少也是个勇者,不会被人当成弱者。

俗语说:"在哪里跌倒,就在哪里爬起来。"很多成功者都曾经历过,这是取得成功必须做到的。

如果跌倒之后,你发现原来是走错了路,也就是说,你走的是一条不能发挥自己专长、不符合你性格的路,如果是这样,为什么不能重新选择一条适合自己的路呢?当然,前提是必须在跌倒的地方爬起来。事实上,就有不少人做过很多事,最后才找到适合自己的位置。而且,只要能够成功,谁都不会在乎你是从哪里爬起来的。

寻找沙漠里的绿洲

一个渴望事业飞黄腾达、人生有所成就的人,最重要的就是要有对未来充满信心和期望的热情。为了克服困难,就必须有挺身面对问题的决心。

苏格兰作家、历史学家及哲学家喀莱尔说过,最糟的事莫过于缺乏自信。在人生崎岖坎坷的道路上,不自信是一种最难克服的致命伤。而这种致命伤完全是在"实在没办法,我就是做不到"的借口下自己促成的。这种对现实屈服的态度不但会导致物质上的损失,还会贬低个人的社会地位。

大多数人在对自己失去信心,怀疑自己是不是适合所从事的工作时,都会变得很难与他人相处。所以我们也该反省一下,自己是否也和家人、朋友、同事合不来。

我们应该勇敢地面对所遭遇的困难,缺乏自信像一个看不见的恶魔隐藏在我们心里,不断地用凄凉哀伤打击我们:"不可能的,你做不到。"其实这种不可能,常常都是可能做到的。

对自己失去信心,一般说来都是因以前的失败种下的恶果。这种恶果使得我们在现在从事的工作上,无法充分发挥自己的能力,从而怀疑自己的能力。所以,我们一定要找回因过去失败而失去的信心。只有突破过去的失败和错误所形成的阴影,才能恢复我们原有的自尊。在从事任何一件事时,不妨回忆一下过去的成功,那些成功会使我们对正在从事的工作也

第四章
培养持之以恒的性格

充满信心。这样我们就不会为自己对工作不自信而感到羞愧。在这种情形下,那些原来似乎不可能做到的事,也会变成可能做到了。

英国诗人杨格说:"我们应对热烈期望的事充满信心。"美国成功学大师拿破仑·希尔指出:"将信心运用到实现行动就是积极心态,就能获得应得的财富。"拥有一个理想,不断地去努力争取靠的是什么?答案只有两个字:信心。

朱丽在29岁那年,因玩滑翔翼失事,坠落悬崖,虽侥幸不死,但下肢瘫痪,终身离不开轮椅。朱丽是可以为此遭遇自怜自艾的,但是她没有,她反而去注意寻找在她面前的诸多可能,决意找出这场悲剧背后的机会。自从她坐上轮椅,就不太满意,总觉得它不太方便。朱丽认为自己可以设计出更好的轮椅。于是,她召集两位建造滑翔翼的朋友,开始制作新轮椅的样品。

他们为自己的公司取名为"动作设计"公司。该公司于1981年创立,如今有上百名员工,经销店超过800家。

改变人生的第一步,就是认识的改变。若心存己不如人的想法,便会成为没有能力的人,要想改变,就要消除这种认识,从相信自己能做到开始。

真正获得成功的人,就是那些能够看见良机的人,哪怕他们走进沙漠,亦能寻找到绿洲。如果不可能的话,那朱丽是怎么办到的呢?如果你相信可能,就有可能实现愿望。

逆境也是一种财富

散文家、百岁老人冰心说过:"生活就像海洋,只有意志坚强的人,才能到达彼岸。"因此,在生活中我们应当以积极的心态,将逆境转化成顺境,克服种种困难,实现人生的最大成功。

俗语说:"人才由磨炼而成。"稍遇挫折,身处逆境,就一蹶不振、停滞不前的人绝不会成功。

生活是现实的,社会是复杂多变的,每个人都不会是一帆风顺的,都会遇到这样或那样的烦恼。无人能够了解其中的奥秘,或许是命运多舛吧!你可以抱怨人生的不公平,你可以自怜自艾;然而,你得认真地吸取教训,伸直腰杆,挺起胸膛,勇敢地去面对个人所面临的种种不可避免的问题。这个主导权是掌握在自己手中的,重要的是,必须保持不回避问题的信念。

在生活中,像塞翁失马之类的例子是举不胜举的。如果不是因为失业,你可能就会一辈子守着那份不尽如人意的工作,而不会有很好的发展。失业时,虽然令人感到很痛苦,但从漫长的人生看来,反而是对你的一种考验和磨炼。当然考验并不只限于失业,曾经经历过几次失败,因而获得成功的人也有很多。品尝过失败滋味的人,也许对人生有更深的理解,年轻时的不顺利也许对你今后的发展会有更大的益处。

人的一生中会遇到很多障碍或苦难,同时所有的苦难里都藏匿着成长和发展的种子,但能够发现这颗种子,并好好培养出来的人,往往只是

第四章
培养持之以恒的性格

少数。

人要想改变现状就应记住：不管怎样不利的条件，只要能够正确处理，就有可能把它转变为有利的条件。

西方有一句谚语说："跌跤之后，不要空手爬起来。"这种态度才是最重要的。

我们必须对人生道路上的曲折和困难有充分的认识并做好思想准备。由于人们世界观的差异、认识水平的不同以及所处的客观环境的不同，所以也就形成了各不相同的意识形态。然而不管人们的生活道路有何不同，但有一点却是共同的，那就是绝对笔直而又平坦的人生道路是不存在的。因为事物的发展是螺旋式或波浪式的发展过程。所以，人生道路的延伸也是直线和曲线的辩证统一。一个人今天行走在直路上，明天则可能会走在弯路上。当你在遇到困难和身处逆境时，不要茫然失措、灰心丧气，也不应因一时的挫折而轻言放弃，应该相信，风浪过后将是平静。

一个人在其成长过程中常会遇到这些境况：理想与现实的矛盾，人际交往的障碍，学习上的困难，情感生活的困扰，竞争的失败等，说到底，就是人在现实中遭受了挫折。这些无疑成为你积极探索中的障碍和阻力。既然世上不如意之事十之八九，那么摆在你面前的任务就是克服困难，超越逆境，开创人生新天地。

正如法国作家巴尔扎克所说："世界上的事情永远不是绝对的，结果完全因人而异，苦难对于天才是一块垫脚石，对于能干的人是一笔财富，对于弱者是一个万丈深渊。"

毅力犹如弹簧

人的毅力犹如弹簧，你越压得紧，得到的弹力越高，而那些压紧了而弹不起来的人，不是没有毅力，而是属于他的毅力弹簧生了锈。

蒙提·罗伯兹在郊外有座牧马场，他常在自己宽敞的住宅举办募款活动，以便为帮助青少年的计划筹备基金。

有一次活动时，他在致辞中提到，他的这个牧马场和他童年时的一段经历有关。有一个男孩的父亲是位马术师，男孩从小就必须跟着父亲东奔西跑，一个马厩接着一个马厩，一个农场接着一个农场地去训练马匹。由于经常四处奔波，男孩的求学过程并不顺利。初中时，有一次老师叫全班同学写报告，题目是"长大后的志愿"。

那晚，男孩用心地写了7张纸，描述自己的伟大志愿，那就是他想拥有一座属于自己的牧马场，并且仔细画了一张大牧马场的设计图，上面标有马厩、跑道等的位置，然后在这一大片大牧马场中央，还要建造一栋占地将近400平方米的豪宅。

他花了大量的心血把报告完成，第二天他交给了老师。两天后他拿回了报告，第一页上打了一个又红又大的F（不及格），旁边还写了一行字：下课后来见我。

他脑中充满幻想，下课后带着报告去找老师："为什么给我不及格？"老师回答道："你年纪轻轻，不要老做白日梦。你没钱，没家庭背景，什么都没有。建农场、盖豪宅可是个花钱的大工程；你要花钱买地、

第四章
培养持之以恒的性格

花钱买纯种马匹、花钱照顾它们。你别太好高骛远了。"老师接着又说，"你如果肯重写一个比较不离谱的志愿，我会重新给你计分数。"

这男孩回家后反复思量了好几次，然后征询父亲的意见。父亲只是告诉他："儿子，这是非常重要的决定，你必须拿定主意。"

再三考虑好几天后，他决定交回原稿，一个字都没做改动。他告诉老师："即使拿个大红F，我也不愿放弃梦想。"

蒙提·罗伯兹此时向众人表示："我提起这故事，是因为各位现在就坐在这个牧马场内，坐在占地近400平方米的豪华住宅中。那份初中时写的报告我至今还留着。"他顿了一下又说："有意思的是，两年前的夏天，那老师带了30个学生来我的牧马场露营一星期。离开之前，他对我说：'说来有些惭愧。你读初中时，我曾泼过你的冷水。这些年来，我也对不少学生说过相同的话。幸亏你有这个毅力坚持自己的梦想。'"

第五章 培养坚定执着的性格

英国最杰出的戏剧家和诗人莎士比亚说:"一棵质地坚硬的橡树,即使用一柄小斧去砍,那斧子虽小,但如果砍个不停,终必把树砍倒。"如果你想重新改写你的人生,你就必须培养自己坚定执着的性格,由于执着,你就能不断地去努力,实现你的人生抱负。

第五章
培养坚定执着的性格

具备永不言败的精神

我们经常能听到许多成功人士说:"我失败过。"这应该是一种英雄式的宣言,是对过去失败的肯定。可是,我们当中许多人对于"我失败过"偏偏难以启齿,为什么呢?这些人从没有失败过。他们总是逃避失败、害怕失败,做一件事之前往往瞻前顾后、举步不前。为了避免失败,他们往往选择了不做事!不做事,自然谈不上失败,也就谈不上成功。世间许多人就是在这条既没有成功也没有失败的道路上走完了平庸的一生。

在通常的情况下,"失败"一词是消极的,但对于成功者而言,失败和成功并非泾渭分明,失败是成功之母。看似是失败的,也许是成功的;看似是成功的,也许是失败的;失败之中也许蕴含着成功,成功之中也许蕴含着失败。

何谓失败?说得通俗一点,比如,一个策划方案,由于种种原因没有付诸实施;一个预期目标,因为时间的耽搁而没有达到;一种实验,在具体操作过程中发生了错误,使之无法进行下去——其结果均为失败。

失败使人沮丧,使人丧失勇气,严重者一蹶不振。这是从消极方面说。从积极方面而言,失败会催人奋进,会激起人更大的决心和战胜困难的勇气,从而实现辉煌的成就。

关于失败,我们要有正确的认知和强大的承受能力。

小时候,我们就听说过"失败是成功之母"这句话,知道失败是向成功跨进的一步,失败是成功过程的组成部分,失败是成功当中不可缺少的

成分，而真正的体验却是少之又少的。

有关失败的话题，应该让每个人在小时候就认识它，老师和家长告诉他们，失败是生活的一个组成部分。当孩子失败时去爱护他，这样做是对他真正的爱。基于这种爱，孩子在将来才会成为男子汉或女中豪杰。由于正确认识了失败，因此，在一生中不论遇到什么样的失败和困难，都不能击垮他们。

世上的事常常不尽如人意。不凑巧的事、倒霉的事、煞风景的事，构成了生活画面中不调和的经纬线，组合成生活中不和谐的音符。在我们的人生中，有些事情不想看到也得看，不想理它也得理。忧愁也好，快乐也好，无可奈何、听之任之也好，置之不理、耿耿于怀也好，它们都在我们的眼前，在我们的生活中，在我们一生的点点滴滴中。

现代人生活在紧张的竞争氛围中，应首先学会超脱，拥有永不言败的精神，才能保持良好的心态，才能轻松愉快地生活。这样做，首先得排解一切挥之不去的阴影，才能走出怨叹的怪圈。如果我们哀叹命运的不公，那么在摇首叹息之际，我们就将命运交给了别人。

古人在经历了人生的坎坷之后，得出了"生死有命，富贵在天"的结论。但应当知道，一个人命运的好坏，并非天生注定，也不能被别人操纵。一个人一生不可能永远幸运，也不可能永远被厄运纠缠。要相信，命运由我们自己创造，命运掌握在我们每个人手中。

在人生的旅途中，如果我们奋斗了，努力了，拼搏了，但我们依然屡遭挫折，连栽跟头，也不用抱怨命运的不公，而是要理智地接受和承认现实，进一步找出并分析遭到挫折和失败的原因，进而改变现状，改变命运。

当我们动手去做一件事情，如果认为自己永远不会失误的话，这是不

第五章
培养坚定执着的性格

切实际的。我们至少在某个方面一定会有失败之处，因为失败是进取过程中的一个重要组成部分。

成功者之所以能够成功，主要在于他把失败当作朋友。在失败中可以取得教训，知道怎样做是错误的，下一次需要换一种思路。失败能提供有价值的信息，它是对我们很有帮助的向导，而不是要我们退缩的警示。成功者充分认识到，人在成功之路上能慢慢成熟起来。他们明白，犯错误是生活当中的正常现象，在犯错误时，不能垂头丧气。相反，他们从教训中学到所能汲取的经验，坚持下去，更加努力地尝试。

而失败者不然。失败者把失败看成洪水猛兽，他们在犯了错误、陷入困境的时候，就会彻底心灰意懒。他们认为，一旦走错了一步，有一次失了手，那就一切都完结了，于是很快放弃了再努力。同时，他们以为，如果自己从前所做的不是完美的，那么，无疑就是一个失败者。

失败者在面对失败时，往往觉得自己一无是处，于是陷入失望之中。失败者常自问为什么不小心一点、为什么我犯那么多的错误，为什么我轻易相信别人，等等。他责备自己时，就像过于严厉的父母训斥的一个无处求援的孩子，其结果是：每这样自责一次，自信心就受到一次伤害并萎缩和消失一分。

失败的时候，失败者越责备自己，便越觉得自己无能；越觉得自己无能，失误也就越多；失误越多，便越觉得自己不行；越觉得自己不行，便越责备自己。如此便形成恶性循环。由于担心再犯错误，便导致失败者产生极大的忧虑，陷入一种保持性的停滞状态。这种状态在旁人看来，失败者懒惰，或是消沉。

如果一个人一旦遭遇失败就心灰意懒，无所事事，这样虽然他免除了再犯错误的恐惧，他的担忧也随之减少，再也没有挫折、失误、失败，然

而，不幸的是，他再也不能与成功牵手。

其实，失败实际上只不过是暂时的挫折。暂时性的挫折是一种幸福，因为它会使我们振作起来，调整我们的努力方向，使我们向着更美好的方向前进。

暂时性的失败，在致力于成功的人的意识中，不会成为永久的失败，只要把它当作是一种教训就会受益良多。事实上，每个人都会有一些教训，这种教训是无法凭挫折以外的其他方式获得的。

竞争机制的引入，优胜劣汰，必然要求我们具备更好的心理素质。现实中常有这样的事，一个人颇具实力，却不能在竞争中取胜，甚至一败涂地。究其原因，就是对竞争的心理准备不足。进一步而言，就是害怕失败，缺乏信心。

我们深信，失败是用来考验那些成功者的试金石，使他们能够获得充分的经验和准备，以便促进学习和工作，使他们经受得住严峻的挑战。

自古好事多磨

一个国家和民族的事业不可能一帆风顺，它会遇到各种偶然的、必然的挫折和困难，要想取得胜利，必须克服困难，战胜挫折。同样，普通人在追求成功的征途中，在幸福之路的行程中，也会遇到形形色色的挫折和困难，也只有战胜挫折，才能获得胜利，赢得成功。

自古好事多磨。在温室里成长的花朵，一旦将它放到屋外，受点风吹雨打，它就会丧失生命力。而长期生存在野外的红梅花儿，则经得起风霜，耐得住严寒。一个人出身豪门，自小到大的生活太过优裕，道路太过

第五章
培养坚定执着的性格

顺畅，未经磨难，如果突然遭遇挫折和坎坷就会一筹莫展，对自己的前途和事业，对拥有的一切产生怀疑和动摇，因而彷徨、犹豫，怨天尤人，停步不前。

相反，那些身居陋巷、历尽人世沧桑的人却不同。他在漫天飞雪的过程中，形成了应付挫折的心理承受能力，由于他原本就在磨难、痛苦、艰辛的环境中成长，一般生活中的小小挫折，他能轻松地对付过去，不会被吓倒。

不论出身富豪或贫寒，不论你有过怎样的经历，走过怎样的道路，面对挫折，应当如何去理解它，如何去克服它，则是横亘在我们面前的共同难题。

挫折，到底是什么呢？一位平凡的成功人士说："在事物发展的过程中，挫折可被视为障碍、阻挡、压制，与顺利相对立而存在；在事物发展的结局里，挫折可被视为失败，与成功相对立而存在。"

科学在发展，世界在进步，我们渴望新的知识，我们渴求新的变化，我们追求新的生活，我们希望事物都有成功的结局。但是，即使我们生活得顺心、潇洒，但是潇洒与无奈共存，失望与希望相随。诸如环境、背景、大气候、小气候等条件，无时无刻不在制约着我们的行为，压抑着我们的欲望，从而注定了成功需要奋斗。奋斗者的成功之路充满了希望与辉煌，在希望中延长，在辉煌中发光。有人说，如果这个世界什么事情都如人所愿，不会有任何的挫折和意外，这个世界就变成了一个极其无聊的场所，人类的所有活动、所有劳作也将变得毫无意义，人群之中也就没有成功、失败之分。

的确，正是因为这个世界有挫折与顺利对立存在，常人才有了存在的价值；常人正是在战胜挫折，夺取成功的过程中显示出力量和尊严，实现不平

常的价值。因此,成功里面包含着挫折,成功只不过是战胜挫折之后的必然结局。挫折是取得成功的必由之路。况且,挫折本身也能成为我们获取成功的一面镜子,当借鉴其中经验的时候,就是挫折的价值实现的时刻。

爱迪生曾说过,挫折是我们所需要的,它和成功对我一样有价值。只有在我知道一切不好的方法以后,我才知道做好一件工作的正确方法是什么。战胜了挫折,也就意味着直通成功。

一个人在思维能力上的差异是直接影响到他的成功与失败的。因为任何人的处境总是在不断变化之中,由此就会有不同的遭遇,也会带来种种难题和困惑,有必要从调整自己的思维方式来解决面临的许多问题。这里主要指突破性思维。思维是人的变化着的智力活动,在解决问题时需要用各种方法进行思考,而具备洞察力,能鉴别优劣并善于做出抉择的思维方法才具有创造性,即突破性。

成功的道路本来就不是一条直线,而是线条的组合,有时可能是曲线,有时可能是暗线,有时可能是明线,有时可能是断线。光荣只能代表过去,不能说明永远,如果躺在上面睡觉,光荣就成了迷魂汤;挫折只能是暂时的,不可能长久,如果丧失斗志,挫折就成了大磐石。

有福可享,当然是我们的愿望,但是,得到的可能是不该失去的,失去的压根儿就是不该得到的。遭遇挫折,无疑是常人之大不幸,但泰山压顶而岿然不动,傲然挺立,却把人格的力量大大加强了。

成功中包含幸福与苦难、荣耀与挫折、选择与抛弃,酸甜苦辣咸尽在其中。坚强者把苦难看作幸福的航船,把挫折看作荣耀的途径,把抛弃看作选择的时机。凡是奋斗得来的,都需要爱护和珍惜,这是对生命最好的回应,因为奋斗的生命值得回应,它寄托着我们的价值、精神、思想和哲理,我们应高唱生命的凯歌大踏步前进。

第五章
培养坚定执着的性格

勇往直前

　　一个头脑清醒的人，一个不钻牛角尖的人，在采取一些会产生很大影响的冒险的行为方式之前，为了强化其目的性有必要反复地扪心自问：你将要做什么？你的选择有足以说服自己的根据吗？你预期的目的是什么？你有为达到目的而不懈努力的准备吗？在这些问题没有考虑清楚之前，有的人就匆忙做出努力的决定，却未曾得到一点效果，反而使自己一头钻进了牛角尖。为什么呢？因为盲目的冒险将人推入了死巷。

　　对不可能和无意义的事而盲目激励自己，结果一定是悲哀的。当那些个人的能力限制，或生理与心理上的缺陷，成为满足动机与实际目标的障碍时，失败、挫折和困境也就在所难免。

　　通常有些人并不会自我反思过错，而只会恃着一己匹夫之勇，鲁莽向前，他们的不足之处在于过于轻视失败的打击。失败可以说是人生的航标信息，每个人的失败经历都像一个个神秘的黑匣子，其中包含着大量的信息。而这些人却习惯于将每一次失败都看成偶然和最后一次，盲目乐观，以一种近似无知的大无畏精神，在人生的道路上乱撞。

　　只有少数人，懂得创意性冒险能使他们由弱变强，从温室里走出来。

　　虽然每个人的温室都不同，但是，你的本性会将你留在温室里。然而，成功却需要你走出温室、勇敢冒险。这是成功的法则之一，你不可能舒舒服服地维持现状，同时也能进步、成长。如果你想追求理想，那么你就必须时时抗拒温室的诱惑。

对有些人来说，温室就是有规律的生活，他们每天甚至每时都有固定的作息，一旦这个规律被打破，他们就会变得不知所措。

对一般人来说，所谓温室包括顺利地就学、毕业、找到一份每周上班40小时、周末放假以及可以休年假的工作。

有些人认为我们可以打破这种模式，我们不一定要接受完整的正规教育，或做一名朝九晚五的上班族，我们也一样可以成功。对许多成功的人士来说，打破这个模式正是他们成功的开始，成功就从他们决定打破既有成规，重新调整自己的节奏，迈向自己人生目标的那天开始。

20世纪60年代，每个田径教练都这样指导跳高运动员：跳向横竿，头朝前跳过去。从理论上讲，这样做没错，可是有个名叫迪克·福斯贝利的人，他临跳时转身搞了个花样，用反跳的方式过竿。当他快跑到横竿时，他右脚落地，侧转身180°背朝横竿鱼跃而过。《时代》杂志上称之为"历史上最反常的跳高技法"。当然大家都嘲笑他，把他的创举称为"福斯贝利之跳"。还有人提了质疑——此种跳法在比赛中是否合规则。但令专家懊恼的是，迪克不仅照跳他的，而且还在奥运会上"如法炮制"——一举获胜。

我们要培养自己坚定执着的性格，就要具有勇往直前的精神，不惧困难地向前进，从而赢得成功。

第五章
培养坚定执着的性格

学会不断探索

托马斯·爱迪生一生中做过一万多次的实验。在每次实验失败之后，他都能不断地去寻求更多更新的东西，直到找到了他要寻找的东西为止。当他所不知的东西变成已知的东西时，无数的灯泡就被制造出来了。

曾经有一位作者写了一支歌，但得不到发表，后来柯享买了它，并给它加上了一点东西。这种"更多的东西"使柯享获得了一笔财富。他仅仅加了三个很小的词："Hip, Hip, Hooray!"（嘿，嘿，万岁！）

同样，在莱特兄弟之前，许多人已经非常接近发明飞机了。莱特兄弟除了应用别人用过的同样原理外，还加上了更多的东西。他们创造了一种新型的机体，所以别人失败了，他们却成功了。

这些成功的故事都有一个共同点。在每个故事中，那隐秘的成分就是应用了先前未被应用的普遍规律。这个规律的应用就是成功与失败的差别之所在。所以，如果你站在成功的门槛边而不能越过，你就努力加上更多的东西。"更多的东西"并非需要很多，"嘿，嘿，万岁！"这三个表示欢乐的词就是使得原先无人问津的歌曲成为最风行的歌曲的全部东西。"更多的东西"的数量并不是重要的，而其"激励人的质量"却是起作用的。

在贝尔之前，就有许多人声称他们发明了电话。在那些取得了优先专利权的人中，有格雷、爱迪生、多尔拜尔、麦克多好夫、万戴尔威和雷斯。雷斯是唯一接近成功的人。造成巨大差别的微小不同是一个单独的螺

钉。雷斯不知道如果他把一个螺钉转动四分之一周，把间歇电流转换为等幅电流，那么他就早该成功了。

贝尔所增加的"更多的东西"是比较简单的，他把间歇电流转换成等幅电流。这是能够再生人类语言唯一的电流形式。贝尔能保持电路畅通，而不像雷斯那样间歇地中断电流。

雷斯绝没有想到这一点，贝尔做到了这一点，所以他成功了。在这种情况下就不能坚持认为雷斯所做的东西是贝尔发明的前奏。支持雷斯就是失败，支持贝尔才是成功。这两者的差别仅仅是失败与成功的差别。如果雷斯坚持下去，他就可能成功，但他停止了，所以失败了。贝尔从事工作，并把工作一直进行到取得成功的结果。

重型运土机的制造者纳陶那用鼓舞人心的谈话激励着数以千计的人。纳陶那只受过很少的正式教育，但是他在工程上做出了伟大而惊人的功业。

纳陶那在当内华达州胡佛大坝的转包人时财运不济，因为他遇到了几处意外的岩层，钻穿这些岩层的费用超过了他所预算的费用，所以他企图在这笔交易中赚钱的目的行将破灭。

但是纳陶那并不囿于他的损失，却转向祈祷，因为他还有健康的身体、强健的双手和能思考的大脑，还有更多的东西。"在我最痛苦的时候，"纳陶那说，"我发现了最大的资产和一位沉默的长辈——奇妙的念头和前人的知识。自此，我所拥有的一切和我所做的一切有价值的事都归功于他。"

希尔和纳陶那往来达18个月之久，因此，希尔有机会密切地观察他。这时纳陶那已成为一位著名的鼓舞人心的演说家。他用大部分时间，乘着自己的飞机，遍游全国各地进行演说。一天夜里，他和希尔在北卡罗来纳

第五章
培养坚定执着的性格

州做了一次演说,在他们飞回家的途中,发生了一件有趣的事。当飞机起飞后不久,希尔看见纳陶那从衣袋里拿出一个小笔记本,在上面写了几行字。飞机降落后,希尔问他是否记得他曾在本子里写过字。

"啊,不记得!"纳陶那叫道,但他立即从衣袋里掏出那个小本子,看看它,"就在这里!几个月来我一直在找这个本子!这儿有一个问题的答案,这个问题使我们不能完成正在研究的机器!"所以当你得到一条一闪而现的奇思妙想时,请你立即把它记下来!这也许就是你正在寻找的"更多的东西"。你应当养成一种习惯:当一种奇思妙想从你的头脑里冒出时,你就该把它立刻记录下来。

阿尔伯特·爱因斯坦发展了关于宇宙和自然规律的头绪纷繁的深奥理论,然而他仅仅使用了最简单的——却又是人类曾经发明的最重要的工具——一支铅笔和一张纸。他记下了他的问题和答案。当你养成向自己提问题的习惯时,当你养成用铅笔和纸写下你的问题、观点和答案的习惯时,你就会发展你的心理力量。

爱因斯坦和其他科学家如果没有学习在他们之前的数学家和科学家所记载下来的知识,是不可能成功的。爱因斯坦如果没有养成思考的习惯,然后又受到激励去寻求宇宙的原理,也是不可能成功的。难道你听说过世界上有不随时记下自己念头的伟大思想家和成功者吗?

一切向前看

几乎每个造福人类的科学发明,都是出于那些坚定执着的人之手。霍乌在致力于缝衣机的发明时所受到的痛苦、贫穷与损失,恐怕一万个人中也没有一人能够忍受得了。世界上一切大事业的成就,多是假手于那些别人放弃而自己还是坚持的人。一个能够坚持到在旁人笑他为人不智时还能坚持的人,他的前程多半是可预见的!

做任何一件事,能否不达目的决不放手,这是测验一个人的品格的一种标准。坚持不懈是难能可贵的。许多人都能自觉随大众向前,在情形顺利时也能努力奋斗;但是当大众都已退出,都已向后转,而自己却是孤身作战仍要坚持不放手,这就很难了。这是需要韧力,需要毅力的。

坚忍的意志是一切成大事业者的特征。他们或许缺乏某种良好的素质,或许有种种弱点、缺陷,但是失败不足以使他们丧志,劳苦不足以使他们灰心,困难不足以使他们畏缩,他们会坚持着,忍耐着,因为坚忍是他们的天性。

当然,并不是要求你喜欢面对困难和不幸,但聪明的人把它当作成长的机会。有自信的人欢迎这种挑战,因为他们知道这是发展性格最好的方法。他们了解这些困难有助于建立勇气和恢宏的气度。如果不经过练习,生活好像置身"玫瑰床"中,那我们就会成为永远长不大的小孩儿。遇到困难的时候,也就是对成功与否进行考验的时候。

实际上,自信的力量是无法用言语表达清楚的,在我们的成长过程

第五章
培养坚定执着的性格

中,相信自信始终伴随着我们。

在我们跨出第一步时,我们就相信自己会走;在我们说出第一句话之前,我们就相信自己会说。因为我们先相信,所以我们会去完成它。反之,如果我们根本不相信,那我们就不会去行动,许多机会便是这样从身边悄悄溜走的。所以,我们必须向前,以获得成功的喜悦。

切断自己的退路

只有切断你为自己准备的一切退路,这样才能让自己无牵无挂、无所顾忌,一门心思地去追求成功。

凯撒在尚未掌权之前,是一位出色的军事将领。有一天,他奉命率领舰队前去征服英伦诸岛。在他检阅舰队出发前,他发现一项严重的问题。随船远征的军队人数少得可怜,而且武装配备也残破不堪,以这样的军力去征服骁勇善战的盎格鲁-萨克逊人,无异于以卵击石,但凯撒还是决定启程,驶向英伦诸岛。舰队到达目的地之后,凯撒等候所有士兵全数下船,立即命令亲信部属一把火将所有战舰烧毁。

同时他召集全体士兵训话,明确地告诉他们,战船已经烧毁,所以大伙儿只有两种选择:一是勉强应战,如果打不过勇猛的敌人,后退无路,只得被赶入海中喂鱼;另一条路是,不管军力、武器、补给的不足,奋勇向前,攻下该岛,则人人皆有活命的机会。

士兵们人人抱定必胜的决心,终于攻克强敌,而凯撒也因为这次成功的战争,奠定了日后掌权的基础。

凯撒的领导智慧,在中国古代也有类似的故事。"破釜沉舟"的确是

最能激励人心的方式之一。

　　大多数成功人士之所以成功，都由于他能够专心致志于他所努力想要成功的目标上。为了达到目标，他能舍弃一切与他成功之路不相关的事物，眼光只锁定他的目标。

　　这般强烈的成功意志，对于一般人来说，似乎较为难以具备。故而不妨学习凯撒大帝火烧战船断绝后路的方式，来激励自我能够全力以赴。

　　除去诸如拖延、怠惰、消极意识等阻碍你成功的事物，然后再切断所有可退之路，只有这样，才能保证渴望追求成功的愿望，如果求生的本能一般，那么迫切而强烈，将带领你走向成功。

　　如果明确自己完全无路可退，即使再怯懦的人，也会成为最英勇的战士，挺起胸膛，去迎接任何挑战，而且最终能够取得胜利。

个性铺就成功之路

　　个性是指一个人在其生活中经常表现出来的、比较稳定的，有一定倾向的个体心理的总和，是一个人区别于其他人的精神特征或心理特征。世界上不存在没有个性的人，强烈的、鲜明的个性才是你之所以成为你而不是他的重要标志。

　　鲜明的个性从何而来？当然，社会、家庭的影响很重要，但个性形成的重要途径是来自于自我教育。

　　或许你出生在一个把谦虚、诚实视作美德的家庭里，从小就奉行"夸夸其谈是罪过""谦虚是美德"等诸如此类的信条。

　　当你打算要做出一番惊天动地的事业时，你经常会遇到强大的阻力，

第五章
培养坚定执着的性格

包括来自家庭内部的、工作中的,到处都有人给你泼冷水,提出质疑和批评,打击你的积极性。在你前进的道路上每一步都充满了挑战。每个人都喜欢新鲜的事物,新的风格,你应当利用自然赋予你的特点,走出与他人不同的路。只有你才能表达与运用自己拥有的才华,这是别人无法替你做的。请你收下这份珍贵的礼物——世上最美丽、最令人兴奋的、最具有价值的、能获得成功的人——你自己。

在人的一生中,你用不着羡慕别人的容貌和姿态,用不着被别人的大肆宣扬所蛊惑,也不用臣服于别人的威名人云亦云、亦步亦趋。你不必做一个讨人喜欢的"孩子",而要做个忠实于自己的"成人"。

认识了自己的本质,你也就突破了迈向成功时的障碍,你会告诉自己:在我的生活中,我是最重要的人,而这种感受和想法是你成功的先决条件。于是,你便能开始订立目标,一步步达到你心目中的成功。也许你会问:"这样做对吗?难道没有别的人比我更重要?这样想不是太自私了吗?"这种怀疑是没有必要的。希望自己做得最好不是自私,是期望值高的表现。

成为积极或消极的人全在于自己的抉择。没有人与生俱来就表现出好的态度或不好的态度,是自己决定要以何种态度看待环境和人生,即使面临各种困境,仍然可以选择用积极的态度去面对眼前的挫折。

法国作家加缪曾说过:"人性的美丽在于人的令人愉快的个性。"只有学习并锤炼自己坚忍不拔的个性,顺应事物发展规律并坦然面对人生考验的人,才有可能走出一条无限光明的成功大道。

有这样一个故事:有一个孩子问自己的母亲,自己是从哪里来的,母亲说,母亲的一个卵子和父亲的数十万个精子中最强壮的一个相结合,便产生了他。听完,这个小孩子高兴地大叫:"啊!我是最棒的,是我赢了!"

是的，生命是万物中最伟大、最可钟爱的，人们来到世间之前就当过一次强者。拥有这样鲜明独特的个性，在这个世界上，你，永远都会做强者。

没有做不好的事

不少人虽然心中有志于成功，然而却不肯努力地去取得成功。显然，他们过多地信任"幸运"了。

有一种人似乎天生缺乏机体免疫功能，只要稍稍受到一些打击，便一蹶不振。由于心理上的怯懦，使他们对失败总是有一种本能的夸大其词。于是，这种人不仅易被现实的挫折所击败，他们还常被自己想象中的敌人所击倒。换句话说，使他们产生失败感的，除了现实生活中的客观打击外，还有主观世界里的巨大阴影。

最典型的例子便是对生命的恐惧。古罗马哲学家塞内卡说得好："其实死亡与我们无关，它要么还没有来临，要么已经过去。"塞内卡是达观的，但我们所说的这种人恰恰不具备这种达观，这使得他们的人生总是被一层阴影所笼罩。他们要么意气用事，要么无所事事，他们似乎永远无法采取积极有效的行为。他们这种心理状态既可能缘于失败打击，也可能来自失败的恶性循环：消极地对待失败，只会招致失败的第二波、第三波打击。

从这个角度讲，成功者与众不同之处正是他们的内在特质。成功的要素存在于人们的头脑与心灵之中。正是与众不同的智慧、知识与个性上的危机意识造就了他们的成功。

成功是在不断地尝试中实现的，成功的过程是这样的：尝试—失败—

第五章
培养坚定执着的性格

改进—再尝试，最后走向成功。尝试为成功提供了可能性，而不断地尝试提高了这种可能性。尝试未必成功，但不尝试必定无法成功。

"不可能"或"不行"是我们每天都能听到的。这些话如果是当事人经过对事情的全面考察、谨慎分析后说的，那倒情有可原。可是往往很多人想都不想就习惯性地脱口而出："不可能！"这种人就很难与成功有缘，因为他们的潜意识是否定性的。成功者挂在嘴边的更多是"可以"、"好的"、"没问题"。只有在对事情本身经过周密的分析，发现困难真的难以解决之后，他们才会说："这样做不可能。"但即使这样，如果他们真的想要把这件事情做成的话，他们还会问："那么换一种做法可以吗？"对于成功者来说，在他的词典里找不到"不可能"；而在失败者的词典里，几乎每一页都可以发现"不可能"。

威廉是个推销员，他工作了一个月也没有拿到一张订单，他很懊恼也很自卑。

一天，一大早他就跑到公司去找老板，并大胆地与老板面对面站着，这在以前他是绝对不敢的。

"我要辞职，我不干啦！"他说。

"怎么回事，威廉？"老板问道。

"我不是干推销员的料！我没有胆量，也没有能力，不值得你给我付这笔薪水。"

敢和自己的老板如此坦承自己的失败，这着实需要相当大的勇气，若不是勇敢的人，是做不到的。出乎意料，这位老板并没有接受威廉的辞职，只是直瞪着他说："如果我没有挑错人、看走眼，你确确实实是块干推销的料。我向你挑战，威廉，现在你马上离开这里，当你晚上回来的时候，你争取到的订单必定比你这一生中任何一天所争取到的都要多。"

威廉看看老板,一时惊愕得说不出话来。之后,他似乎明白了老板的意思,他的双眼亮了起来,有一种战斗的光芒。他转身离开了老板的办公室。

那天晚上威廉回来了,脸上充满了胜利的喜悦,他创下了一生中最佳的记录,发挥了他的潜力,而且从此以后一直如此。他还用这种方式默默地帮助了许多年轻的推销员,他把经验传授给别人,自己也因此而更丰富充实。

一些成功的人,都能最大限度地战胜自己,树立坚定的信念去搏击人生,而达到最高的境界,成为一流人物。但是,战胜自己不是消灭自己,泯灭个性,而是要更好地完善和发挥个性。

世界上任何一项发明创造,都是个性发挥的一种体现,集体智慧也是个性智慧发挥的具体表现。任何一个个性的成立,都有着愚蠢消极和聪明积极的两个方面:战胜自己,就是要打败自己的愚蠢消极,留下聪明积极的一面。战胜自己,就是铲除个性愚蠢的杂草,留下聪明的麦苗,完成自己整个人生的收获!

战胜自己从广义上来说,就是启发自我,训练自我,完善自我,培育自我,淋漓尽致地发挥个性,走向生命的顶峰。

敢为天下先

下班了,你分内的工作也做完了,你可以放松心情回家休息了。可是在你下班时,老板又指派了你另外的工作,这份工作做起来偏偏又有点难度。此时,你应该怎么做?找个借口拒绝老板,还是硬着头皮接下来?如

第五章
培养坚定执着的性格

果你想要升职升得较快，赚钱赚得越多，你应该对老板说："没问题，我会做好的。"

成功者就是愿意做别人不愿做的事情，所以他成功。

不管路途有多远，全美最成功的零售商诺斯多姆公司，永远愿为顾客多跑一趟，所以它的利润也最高。有位老师沙维琪，想买两本诺斯多姆公司出版的围巾织法手册，这本小书的价钱仅为1美元，但是这趟生意诺斯多姆公司居然接了！四个星期后，书送到老师家里，而且不收任何服务费，而沙维琪是住在160英里（1千米≈0.621英里）外。当然，沙维琪自此成了诺斯多姆公司的忠诚顾客。诺斯多姆公司做那没赚钱的生意，跑了160英里，你认为值得吗？当然是值得的。

还有一次，沙维琪把车撞烂了，差点性命不保。于是她决定换车，就到别家车行去看车。可是这家车行没有她想要的车型，老板说除非她下定决心，否则不肯帮她订车。最后，她回原先卖给她出事汽车的车行看车。结果，销售员不仅替她订了车，而且还替她向保险公司要回1000美元的保险索赔金。这位销售员是店里最优秀的推销高手。沙维琪收到保险公司寄出的支票后，还烤了个蛋糕送给他。最后她果断在这家车行买了车，而且她还义务宣传，为其招揽生意。

成功的人总是愿做别人不愿做的事。

企业家赫兹只要有机会和人聊天，他总会问："有没有我帮得上忙的事？"他并不是每次都能帮忙，不过他倒有那份心意。很少人会像他一样，持续地关心朋友。

你对工作的态度如何？我们总得处理一些自己不乐意做的事，但是事情完成后，却可带来令人满意的结果。

让自己更出色！别老是准时完成上级交代的任务，何不提前完成任务

呢？提前完成并不难，而且反正你早晚都得把这些事做完。

不要达到目标就自满，要超越目标，让自己领先群雄，让别人都需要你。

开发自己的潜能

每一个人要自尊、自重，肯定自己的价值和生命的意义，做自己生命的主人。

我们活在无限的时空里，每个人在自己独特的环境中有无限的自由去抉择自己的行动，每个行动会产生一定的影响。

事实上，每个人都有一个奇特的世界，都是一个奇妙的精灵，每个人身上都有无穷的精神储备，无限的潜能，是人生进程中最可靠、最持久、生生不息的动力源，自我蕴含着无比巨大的精神能量。比如你有自己独特的个性，你有自己独特的志趣和爱好，你有自己的知识结构和生活阅历，你有与众不同的思维特征、情绪特点、意志特点和对现实的态度。认识和把握自我不是看他人怎么样，重要的是审视自己。

我们要确立自我意识，要众人看到自己存在于这个世上的独特意义，因为在这个世界上，每个人都是独一无二的。每个人都应当看到自己的独特天赋、性格和潜能，走出一条属于自己的道路来。一个人如果不能尊重自我，接纳自我，认识到自我的独特优势，就一定会迷失自我，活在虚幻之中。

我们最大的力量，往往是从自我内心产生的，正如我们最大的敌人是我们自己一样。自我暗示往往会产生惊人的力量。消极的自我暗示，可

第五章
培养坚定执着的性格

以将人带向死亡；而积极的自我暗示，则使人自励自信，攻克难关走向成功。

国外有一位心理学家做过一次实验：将一个死刑犯人的眼睛蒙上，当众宣布：今天用最科学的方法对他执行死刑，这种方法毫无痛苦。说完用刀在犯人大腿上划了一下，旁边有人故意议论："哎呀，用刀割破了他的动脉血管……"这时有人以一根细橡皮导管，往他腿上滴水，让水顺腿流下来。旁边的人又以恐惧的口吻低声说："血，血，血，地上淌满了血……"逐渐犯人的脸色由苍白转变成铁青，呼吸由急促到微弱，最后气绝身亡。

这便是自我暗示的作用，它体现出人们的思想在消极自我暗示的情况下所产生的消极结果。

让我们看看一个癌症患者最后几年的生活吧！简和艾德结婚不久，艾德在一次飞行中，由于飞机失事坠落而丧生了。艾德死后不久，简得了癌症。当她得知自己已到了晚期，将不久于人世的时候，她勇敢地接受了生活的挑战，回到了生活中，并且在工作中做出了杰出的贡献，让自己的生命直至最后一刻都在闪烁着光辉。

在简生命的最后时刻，朋友问她："简，这生命的最后几周，你那重新焕发的力量是从哪儿来的呢？"

她回答说："那时候我想，'这是我的最后的时间了，临终了。一切都完了，我该走了。'于是我平静了，不再苦恼。随后一个想法浮上心头：如果我现在就放弃生命，只能对两个地方有益处：一个是火葬场，一个是墓地。但是，我如果让自己的生命再延长几个月，对我的家庭会有些益处，也许对我的朋友们也会有益处的。

"于是我对自己说，至少应再穿一次礼服，接着，再打一次电话，哪

怕一天也好,两个小时,三个小时也好……

"我这样一想,劲头就来了。我想了几百种能做的事情。我一直对自己说:'把这件事做了,把那件事做了。'就是这几句话让我又活了这么久。"

一个晚期癌症患者,她可以什么也不想,什么也不做,但她却选择了另一条路,选择了一条通向天堂的路。这就需要足够的勇气。

可见,每个想要成就自己的人,首先要看到自我存在的价值,接纳自我,依赖自我,激发自我的潜能。固然,外在的力量可以帮助自我发展,但终归还是要落到自我这个基点上。

当你心血来潮有了某些想法时,不要轻易排除它们:因为或许这些在当时显得非常特别的构想,过些时日可能会被人发现是极有远见的构想。

颓丧的心灵永远无法拥有快乐及事业上的成功,失败及忧郁会很快地随之而来。你或许可以扮演邪恶一方的辩护者,并以抨击好的想法为乐,但负面的想法终会导致负面的结果。你的积极思想会推动你奋力完成积极的构想;当你所有的想法都是负面悲观的时候,就会给你带来负面的结果。

开发内在的潜能,可以使你达到一个新的高度,成就你梦寐以求的事业。

第六章 培养热情开朗的性格

热情会给人生带来巨大的财富和力量，如果你是一个充满热情的人，那么你足以制造『高温效应』，使不少人对你注目并乐于与你接触。热情会让你的付出见到光明，成功在望！

第六章
培养热情开朗的性格

一缕心灵的阳光

有人说,从一个人的热情程度就可看出他的将来是否有发展。的确,一个人只有为自己的目标强烈地、坚持不懈地奋斗,才能到达目的地。

世界上第一位女性打击乐独奏家伊芙琳·格兰妮说:"从一开始我就决定,一定不要让其他人的观点阻挡我成为一个音乐家的热情。"

伊芙琳·格兰妮成长在苏格兰东北部的一个农场,从8岁时她就开始学习钢琴。随着年龄的增长,她对音乐的热情与日俱增,但不幸的是,她的听力却在渐渐地下降,医生们断定是由于难以康复的神经损伤造成的,而且断定她到12岁时就将彻底失聪。可是,她对音乐的热爱却没有因此而停止过。

伊芙琳·格兰妮的目标是成为打击乐独奏家,虽然当时并没有这么一类音乐家。为了演奏,她学会了用不同的方法"聆听"其他人演奏的音乐。她只穿着长袜演奏,这样她就能通过自己的身体和想象,感觉到每个音符的震动,她几乎用所有的感官来感受着整个声音的世界。

伊芙琳·格兰妮决定成为一名真正的音乐家,而不是一名失聪的音乐家,于是,她向伦敦著名的皇家音乐学院提出了申请。因为以前这家学院从来没有一个失去听力的人提出过申请,所以一些教师反对接收她入学。但是她的演奏征服了所有的教师,于是她顺利地入了学,并在毕业时荣获了学院的最高荣誉奖。

从那以后，伊芙琳·格兰妮就为成为第一位专职的打击乐独奏家的目标而努力，并且为打击乐独奏谱写和改编了很多乐章。如今，她已真正地成为独奏家，她的成功不在于当她听到了医生的诊断后没有悲观地放弃自己的追求，而在于以坚强的自信和热情，执着地为实现梦想奋斗着。

一个人的成绩不是被别人左右的，而是自己的坚定信念和热情创造出来的。不要让他人的论断阻碍了自己前进的步伐。充满你的热情，激发你的自信，它们将带你到达你想去的地方。

希望推动你走向成功

希望是督促人们成功的动力，也是生命存在的最主要的"推动力"。希望不一定是多么伟大的目标，它可以缩小到平淡生活中的一些小期待和小满足。也许这些小期待和小满足只是些微不足道的细碎小事，但是，对个人而言，却能带来一些快乐。希望就是平平常常的满足，从从容容的期盼。

有一个农家女孩子，生长在偏远的小村子里。过着日出而作、日落而息的生活，她喜爱传统工艺剪纸，并达到了比较高的水平。

这个女孩子不知从哪里听说一些外国人喜欢中国的工艺品，大老远跑到山西的农家小院去买老太太做的虎头鞋，而且一双10美元。她想，北京是首都，外国人多，如果把自己的剪纸拿到那里一定能卖个好价钱。18岁那年，她为自己的剪纸作品进行了第一次尝试，她带着省吃俭用攒出来的路费，满怀希望地到了北京。但是她没有想到，北京艺术品市场里的剪纸那么

第六章
培养热情开朗的性格

便宜，她带去的作品，一块钱一张都没人要，险些连回家的路费都成了问题。这次尝试得到的答案是：此路不通，后果是不仅没挣到钱而且还赔上了一笔路费。但是这个女孩子选择了坚持，她坚持继续学习剪纸艺术。

22岁那年她为自己的剪纸进行了第二次尝试。她苦苦哀求、软磨硬泡拿到了父母为她准备的1000元嫁妆钱，交了省城一家美术馆的展览费。可是这一次更惨，她不仅赔上了自己的嫁妆钱，还欠下了一大笔装裱费，而且成了乡邻茶余饭后的笑料，这样的打击她已经无法承受了，于是只好一走了之，为还钱她跑到深圳去打工。打工的那段日子尽管她过得很艰难，但她除了每天在流水线上拼命工作外，还要挤出时间去上晚间的美术课，处处留心实现自己剪纸梦想的机会。

后来，她做了一次又一次尝试。随着年龄的增长和人生阅历的增加，她将自己所能了解到的途径都进行了一一尝试。她到艺术学校自荐、参加各种各样的评比和展出、给报纸杂志寄作品、报名参加电视台的参与节目、想方设法接触记者、联系赞助搞个人展、请工艺品店和市场代卖、去印染厂推销自己的图样设计……她的尝试有许多都失败了，但她勇敢地承担每一次失败带来的后果。她曾被中介骗子骗走了所有的作品，也曾被债主逼得走投无路。每一次失败都要狼狈不堪地善后，但她每一次都在面临选择的时候，始终把酷爱的剪纸艺术放在第一位。后来，她有了自己的一个小小剪纸工作室，靠剪纸维持自己的生活。她满足了，快乐地认为自己获得了成功，因为有日夜与她相伴的剪纸艺术。最后这个女孩子终于成了远近闻名的"剪纸艺人"。

女孩子就是这样每天给自己一个小小的希望，生活便充满无限活力，然后，她没有时间去想东想西，去悲春叹秋了。

一位中国留学生刚到澳大利亚的时候，为了寻找一份能够糊口的工作，骑着一辆旧自行车沿着环澳公路骑了数日，他替人放羊、割草、收庄稼、洗碗……只要给一碗饭吃，他就会暂且停下疲惫的脚步。一天，在唐人街一家餐馆打工的他，看见报纸上刊出了澳大利亚电信公司的招聘启事。留学生担心自己英语不地道，专业不对口，于是他就选择了线路监控员的职位去应聘。过五关斩六将后，眼看他就要得到那年薪三万五千元的职位了，不想招聘主管却出人意料地问他："你有车吗？你会开车吗？我这份工作要时常外出，没有车寸步难行。"澳大利亚人普遍拥有私家车，无车者寥若晨星，可这位留学生初来乍到还属于无车族。为了争取到这个极具诱惑力的工作，他不假思索地回答："有！会！""四天后，开着你的车来上班。"招聘主管说。

四天之内要买车、学车谈何容易，但为了生存，留学生在华人朋友那里借了500澳元，从旧车市场买了一辆外表丑陋的"甲壳虫"。第一天他跟华人朋友学简单的驾驶技术，第二天在朋友屋后的那块大草坪上摸索练习，第三天歪歪斜斜地开着车上了公路，第四天他居然驾车去公司报了到。时至今日，他已是澳大利亚电信公司的业务主管了。

这位留学生的胆识确实让人佩服。即使不完美，也给自己留一份希望去努力。如果他当初不敢向自己挑战，不给自己以希望，就绝不会有今天的成功。那一刻，他毅然决然地斩断了自己的退路，让自己置身于命运的悬崖绝壁之上。正是面临这种后无退路的境地，人才会集中精力奋勇向前，从生活中争取属于自己的位置。

在生活中，不论希望大小，只要值得我们去期待就都是美好的。而我们在努力过程中必然能感受到其中的快乐，生命便也因此而更有意义。

第六章
培养热情开朗的性格

向着目标前进

任何人都想不断地提升自己，从而取得更大的成功。而提升自己最好的方法之一就是跟着自己的工作目标前行。

在阿拉伯神话传说《一千零一夜》里，你最喜欢哪一个故事？应该是阿拉丁神灯吧，相信你一度渴望能拥有这样的神灯，你只需用手轻轻一擦，就有一个飞人跑出来，使你心中的愿望得以实现。而现在在你身边就有一个飞人，能够帮助你提升自己实现多个愿望。

现在你就可以指挥你身边的"飞人"，你一定要下决心去叫醒它，它能给你的人生带来极大好处。只要你不束缚住自己的想象力，只要你有决心，那么你的梦想早晚会变成现实。

常常有人说自己的麻烦出在没有工作目标上，这句话表明了他不明白工作目标的真实含义。许多人所向往的工作目标只是有如付清烦人的账单，如果一个人落到这种地步就不必谈论成功。

我们须牢记，有何种工作目标就有何种人生，工作目标对于我们人生就似播下的种子，一旦我们不小心，某一天就会野草蔓延。

如果我们希望充分发挥潜能，那么就要确定一个宏伟的工作目标，这样，就能向着目标前进，不断取得成功。

一个成长在旧金山贫民窟的小男孩，小时因为营养不良而患上了软骨病，6岁时，双腿因病变形，使小腿肌肉进一步萎缩。

但是他从小心中就有一个天方夜谭的梦想,就是将来要成为一个最伟大的工作者——美式橄榄球的全能球员,这就是他所谓的"工作目标"。他是传奇人物吉姆·布朗的球迷,每逢吉姆所属的客利福布朗士队和旧金山四九人队在旧金山举行比赛时,小男孩会不介意双腿的不便,一拐一拐地走到球场去为吉姆加油。可是他太穷了,根本买不起门票,只好等到比赛快要结束时,趁工作人员推开大门之际混进去,观赏最后几分钟。

在他13岁的时候,他在一场比赛之后,终于在一家冰激凌店与心中偶像碰面。他勇敢地走到布朗面前,大声说:"谢谢你!"小男孩又说:"布朗先生,你想知道一件事吗?"布朗转身问:"小朋友,请问何事?"小男孩骄傲地说:"我记下你的每一项纪录,每一次运动。"吉姆·布朗快乐地微笑着说:"真不错。"小男孩挺直胸膛,双眼放光,自信地说:"布朗先生,终有一天我会打破你的每一项纪录。"听完此话,吉姆·布朗微笑地对他说:"孩子,你叫什么名字?真的好大的口气!"小男孩十分得意地笑着说:"先生,我叫澳仑索!澳仑索·辛甫生。"

澳仑索·辛甫生在以后正如他少年时所讲的,打破了吉姆·布朗一切纪录,同时又创下了一些新的纪录。

为什么工作目标能够激励一个患病的人去成为"风云人物"?为什么它激发出巨大的工作能力,能使一个人命运得以改变?

想要把模糊的梦想转化成成功的现实,前提是制定明确的工作目标,这是一个人成功的基石。工作目标会指导你的方向,而坚定的信念会促使你顽强地工作。

虽然实现工作目标有一定的难度,看似不会成功,但又具有相当的吸引力,加上一定要成功的信心,你就会一心一意去完成。

第六章
培养热情开朗的性格

实现工作目标，关键在于行动。每一个确立目标的人，都要付出行动，无论遇到什么坎坷，都要战而胜之。

责任心对工作的重要性

一个人的工作态度与责任心相关联。在公司中，有一些员工对待自己的工作不是认真、负责的态度，而是抱着一种"混"的态度。他们认为，只要每个月将工作"混"过去，将薪水"混"到腰包里就行了。

这种人费尽了心思，找各式各样的借口，所花费的精力和"聪明才智"，很可能比真正的工作还要多。

这些人可能都自以为是聪明人，因为他将别人骗了，将薪水混到手了。

如果这些人真的以为自己是聪明人，那我们真该为这些人惋惜：因为他们实在算不上是聪明人，他们以为将别人骗了，好像自己占了多大的便宜似的。其实，他们骗的不是老板给的薪水，而是自己的青春和生命，到最后他们就会发现，原来到头来吃亏最大的是自己，而不是上司或者老板，更不会是那些认真工作的人。

因为，一个人的工作态度在很大程度上能显示出他是否有担负更大责任的可能。同时，一个人的工作态度，也决定了他在事业上的成就。所以，我们应该以积极、认真的态度去对待自己的工作。只要你这么做了，你就会发现，你将从这种观念中受益终身。

与其绞尽脑汁地想着自己怎样能够"混"下去，还不如将这些精力放在工作上，说不定就能够取得非凡的成绩。

因为一个人的工作态度折射出人生态度，而人生态度决定一生的工作成就。

一个对工作热忱、积极的人，无论眼下是在挖土方，还是在经营着一家大公司，都会认为自己的工作是神圣的，并对此怀着极大的兴趣。对自己的工作热忱的人，不论在工作中会遇到什么困难，或者需要多大努力，他都会用不急不躁、认真负责的态度去进行。只要抱着这种态度，就一定会成功，一定会达到人生的目标。

一个人的工作态度在很大程度上显示出他是否有担负更大责任的可能。

有一家职业介绍所的工作人员说："我们在分析应征者能不能适合某项工作时，经常要考虑他对目前工作的态度。如果他认为现在的工作很重要，就会给我们留下很深的印象。即使他对目前的工作不满也没有关系。

"为什么呢？这个道理很简单，如果他认为他目前的工作很重要，他对下一项工作也可能抱着'我以工作成就为荣'的态度。我们发现，一个人的工作态度跟他的工作效率确实有着很密切的关系。"

你对工作没有热情，表现得消极，那你就不可能在工作上取得任何成就。如果你认为你很虚弱，你的条件不足，会失败等，这些想法注定会使你平平庸庸地度过一生。反过来，你如果认为自己很重要，有足够的条件，是第一流的人才，自己的工作也确实很重要，那么你很快就会向成功之路迈进。

第六章
培养热情开朗的性格

突破心灵的枷锁

做人，最要紧的是心不能死，不死的心会燃烧明天，照亮今天。活着的人，心不一定都活着。心已经死了，肉体还活着，做人就没有多大意义。心不死，思想就不会死；思想不死，人就永远是活跃的，生动的，前进的。

如果你总是自我评价过低，如果你总是贬低自己，那么当你和别人打交道时，你就别指望对方会尊重你，因为人们通常不会尊重一个生活在为自己所设下的牢笼中的人。

自我评价过低的人，很少能干成一件事情。如果你期望自己能成功，如果你要求自己干一番事业，如果你对自己的工作有更大的抱负，那么，与自我贬低和对自己要求不高的人相比，你会更胜一筹。

如果你认为自己处境不利，如果你认为自己不像其他人，如果你认为你和其他人不同，如果你认为自己不能获得别人那样的成就，如果你怀有这种思想，那么，你根本就无法克服前进道路上的重重阻碍。

不断地自我贬低的人，总是认为自己不过是生活在尘世间的一条可怜虫，总是认为自己绝无可能取得任何成就，这样会给人们留下相应的印象。因为你认为自己怎么样，在别人看来你也就是那么样的。

你对自己的能力、地位、重要性和社会角色的评价，都会在你的表情上显现出来，都会从你的行为举止、言谈交往中显现出来。

有位公司董事长,每次召开董事会时总是蹑手蹑脚地走进会议室,就好像自己是一个无足轻重的人。他经常感到奇怪,在董事会中,自己说话没有一点分量。自己为什么在董事会其他成员眼中威信这么低,自己为什么很少享受起码的尊重?他没有意识到,是他在自己全身都贴满了无能的标签,是他把自己装扮成一个无足轻重的人的形象,是他让自己在别人眼里缺乏自信和自尊,凡此种种,他如何能得到别人的尊重呢?

如果你对自己的前途有更清醒的认识,如果你对自己有更大的信心,那么,你将会取得丰硕的成果。

思想是人的生命得以闪光的火花。思想的火花一旦熄灭,人的生命就不会再有闪光点了。美国作家马克·吐温曾说过:"构成生命的主要成分,并非事实和事件,它主要的成分是思想的风暴,它一生一世都在人的脑中吹袭。"从这句话可以读出,人的生命如不以思想为寄托,则一生就会虚度。

一个人目前的整体能力是不是很强关系不大,因为他的自我评价将决定他的努力结果,决定他是否能取得成功。一个对自己信心十足但能力平平的人所取得的成就,常常比一个具有卓越才能但自信不足的人所取得的成就要大得多。

人生活的意义,人生命的意义,全在于思想的意义。思想的核心意义就是:激活人的生命并增强信心。所以,生命的闪光其实是思想的闪光,生命的可贵其实也是思想的可贵。

第六章
培养热情开朗的性格

每天都是新的开始

敢于展示自己个性的人最明显的标志是让自己每天都是新的。员工在公司中工作，也应当如此，否则就会被淘汰。

有个失业多时的伐木工人，一旦见到报纸上刊登的招聘启事，便兴冲冲地前去应聘。

到了应聘的地点，林场的工头依例在挑选时要问明应聘者的工作经历。

伐木工人回想自己的经历，总是打零工的时候少，失业赋闲的时候多。细想了许久，已决定如何来回答工头的口试。

轮到他时，工头依例问他曾在哪个林场长时间工作过，伐木工人想也没想，立刻回答："撒哈拉丛林。"

工头瞪了他一眼："我只听说过有撒哈拉沙漠，哪里来的撒哈拉丛林？胡说八道。"

伐木工人面不改色地回答："撒哈拉那个地方，原本是丛林，自从我在那里砍过木头之后，就变成一片沙漠了。"

你对自己工作的信心，有没有像这位伐木工人这般地坚定呢？

许多人对自己的工作一直未能有足够的热诚与动力，主要原因可能就出在他根本不知道自己为何需要这份工作。如果能像故事中的这位伐木工人一样，迫切地需要一份工作，自然就能为自己开出一条路来。

拥有工作是幸福的,美国汽车大王亨利·福特曾说:"工作是你可以依靠的东西,是个可以终身信赖且永远不会背弃你的朋友。"连汽车业巨子都是如此热爱工作,那么我们似乎也难以找出不喜爱工作的理由了。

如何才能够去热爱工作,是每个人都需要了解的课题。你必须对自己有绝对的自信,相信自己必定能胜任这份工作,并且你能够驾驭它,能灵活地运用这项工作使自己获得更大的乐趣。

你要真心喜欢你所销售的产品——不论你是不是营销人员。你必须真心喜欢你的产品,如果对产品不了解,你必须去弄懂它;如果对产品存疑,你就好好求证清楚。你将建立起对产品的绝对信心,那样就无人可撼动你。

对自己、对产品有了百分之百的信心之后,你就要开始行动,不断地行动,采取大量的行动。你将发现,此时不但你已热爱工作,工作也会爱上你的。

如果你真能将撒哈拉丛林变成撒哈拉沙漠,不妨想想,将有多少人迫不及待地想聘用你?有多少客户想向你购买?有多少人想要你当他们的领导者?

树立绝对的信心,运用大量的行动,你将成为人人需要的销售大师——不论你的产品是什么。

没有大到不能完成的梦想,也没有小到不值得设立的目标。在开始你伟大的事业时,懂得确立每一个里程的目标,绝对是极其重要的。没有目标的人生,或目标不断飘移的人生,所得到的成果是可想而知的。

明确的目标是梦想实现的阶梯,将你急需达成的目标列出来、写下来,让它随时出现在你的眼前,出现在你每天看得到的任何事情上,口中

第六章
培养热情开朗的性格

念着它,心里想着它,每天重复20次以上。

只有朝着确切的目标行动,才有成功的希望。让你的目标进入潜意识中,然后不断地行动,看看会产生什么好的结果。

清楚地了解什么是自己该做的,什么又是不该做的,这是所有成功者都需具备的条件。成功者之所以能够成功,取决于他愿意去做一些失败者所不愿意做的事。反之亦然,失败者之所以失败,乃在于他一直在做成功者所不愿意做的事。不仅必须拥有明确的目标,而且需要清晰的定位,再加上智慧。这样,就可以有正确的判断力,看清自己该做的事情。告诉自己,每天都是新的开始,每天都是实现目标的一天,都是成功的。

具有创新的精神

每个人只有具有创新的精神,才能有所建树。成功跟那些缺乏创新精神的人永远无缘。

每天都有许多人取消自己辛苦得来的新构想,因为他们不敢执行。过了一段时间以后,这些构想又会回来折磨他们。

成功学大师拿破仑·希尔认为,天下最悲哀的一句话就是——我当时真应该那么做却没有那么做。

一般来说,成为立即执行计划的能手,就可能冲破人生的难关。每一个工作——不论是经营事业、高级推销工作或科学、军事、政府机关工作——都需要脚踏实地的人来执行。主管在聘用重要职位的人才时,都会

先考虑"他愿不愿意做?""他会不会坚持到底把事情做完?""他能不能独当一面,自己设法解决困难?""他是不是有始无终、光说不做的那种人?"

这些问题都有一个共同的目的,就是设法了解一个人是不是立即执行计划的能手。

再好的新构想也会有缺陷,即使是很普通的计划。如果确实执行并且继续发展,都比半途而废的好计划要好;因为前者会贯彻始终,后者却前功尽弃。

约翰·华纳梅克先生是个白手起家的了不起的商人,他时常说:"如果你一直在想而不去做的话,根本成就不了任何事。"

为了避免"万事俱备以后才行动"所引起的重大损失,应该注意以下几个方面。

1. 要预料种种困难

每一个冒险都会带来许多风险、困难与变化。比如你从芝加哥开车到旧金山,一定要等到"没有交通堵塞、汽车性能没有任何问题、没有恶劣天气、没有喝醉酒的司机、没有任何类似意外"之后才出发,那么你什么时候才出发呢?你将永远走不了。当你计划到旧金山时,先在地图上选好行车路线,检查一下车况以及其他尽量排除意外的做法。这些都是出发前需要准备的事项,但是仍无法完全消除所有的意外。

2. 勇敢地面对现实

成功的人物并不是在行动前就解决所有的问题,而是遭遇困难时能够想办法克服。不管从事工商业还是解决婚姻问题或任何活动，一遇到麻烦就要想办法处理。

我们无论如何也买不到万无一失的保险。要下定决心去实行你的计划。

3．马上行动

曾经有个很有才气的教授想写一本传记，专门研究几十年以前一个让人议论纷纷的人物的逸事。这个主题又有趣又少见，真的很吸引人。这位教授知道得很多，他的文笔又很生动，这个计划注定会给他赢得很大的成就、名誉与财富。

一年过后当有人碰到他时无意中问到他那本书是不是快要大功告成了（这一问题实在太冒失，真的冒犯了他）。可是那位教授根本就没写，他犹豫了一下子，好像正在考虑怎么解释才好。最后终于说他太忙了，还有许多更重要的任务要完成，因此自然没有时间写了。

他这么替自己辩解，其实就是要把这个计划埋进坟墓里。他找出各种消极的理由。他已经想到写书多么累人，事情还没做就已经想到失败的理由了。所以他想完成的事就根本完成不了。

切实可行的创意的确很重要，我们一定要有创造与改善任何事的创意。成功永远跟那些缺乏创意的人无缘。

但是你也不能对这一点有误解。因为光有创意还不够，那种能使你获得更多的生意或简化工作步骤的创意，只有在真正实施时才有价值。

记住下面两种想法：

第一，切实执行你的创意，以便发挥它的价值，不管创意有多好，除

非真正身体力行,否则永远没有收获。

第二,实行时心情要平静。每天都可以听到有人说:"如果我1952年就开始那笔生意,早就发财了!"或"我早就料到了,我好后悔当时没有做!"一个好创意如果胎死腹中,真的会叫人叹息不已,永远不能忘怀。如果真的彻底施行,当然也会带来无限的满足。

热情的效应

热情的效应就在于激发自己寻找自己擅长的事情,在于激发自己的活力。

在巴黎的一家美术馆里,陈列着一座美丽的雕像,它的作者是一个身无分文的贫穷艺术家。每天,这位贫穷的艺术家都到一间小阁楼上工作。就在作品模型快要完工的时候,城里的气温骤然下降到零度以下。如果黏土模型缝隙中的水分凝固结冰的话,那么,整个雕像的线条都会扭曲变形。于是,艺术家就把自己的睡衣脱了下来,盖在了雕像身上。第二天清晨,人们发现艺术家已经离开了人世,但他的艺术构思却保留下来,在别人的帮助下,最终有了成型的作品。

美国政治家亨利·克莱曾经说:"遇到重要的事情,我不知道别人会有什么反应,但我每次都会全身心地投入其中,根本不会去注意身外的世界。那一时刻,时间、环境、周围的人,我都感觉不到他们的存在。"

一位著名的金融家说:"一个银行要想赢得巨大的成功,唯一的可能就是,它雇了一个做梦都想把银行经营好的人做总裁。"原来是枯燥无

第六章
培养热情开朗的性格

味、毫无乐趣的职业，一旦投入了热情，立刻会呈现出新的意义。

英国作家狄更斯曾经说过，每次他构思小说情节时，几乎都寝食不安，他的心完全被他的故事所萦绕、所占据，这种情形一直要到他把故事都写出来才算结束。为了描写一个场景，他曾经一个月闭门不出；最后再来到户外时，他看起来形容憔悴，简直像得了一场重病一样。

事实上，我们每一个人的身上多多少少都具备成就大事的潜质，不仅反应敏捷、聪明伶俐的人是这样，那些相对木讷、甚至看起来有些愚蠢的人，也同样有这样的潜质。他们一旦产生了热情，凭借着这种热情的力量，就可以创造出很大的成绩。

盖斯特原本只是一个无名小辈，但她第一次在舞台上露面时，立刻就让人感觉到她的前途不可限量。她演唱时所投入的热忱，使听众几乎都像被催眠一样，结果，她登台演出不到一星期，就成了众人喜爱的明星，开始了自己独立的发展。她有一种提高演唱技艺的强烈愿望，于是，她把自己全部的心智都用在了这一方面。

一切伟大的艺术家在创作过程中，都会使自己沉浸在一种特殊的状态之中。艺术家们可能会寝食不安，直到最后的灵感全部迸发出来为止。

有一次，一位评论家向著名女歌唱家玛丽布兰表达钦佩之情，对她能够从低音连升三个八度唱到高音，大为叹服。而歌唱家说："嗯，那可是我费了很大的力气才做到的。开始我为了练这个音花了一星期的时间，那个时候，不论我在做什么，穿衣也好，梳头也好，我都在试图发这个音。最后，就在我穿鞋的时候，我终于找到了感觉。"

也许，爱迪生的一段话能够说明一切："人类历史上每一个伟大而不同凡响的时刻，都可以说是热忱造就的奇迹。"

激发你的热诚个性

任何成功的工作都可以称为热诚个性的胜利。没有热诚的个性,你就不可能成就任何伟业,因为无论多么恐惧、多么艰难的挑战,热诚的个性都赋予它新的含义。缺乏热诚个性的人,很可能在平庸中度过一生;而有了热诚个性,才能创造奇迹。

热诚的个性与工作的效益密切相关,或者说成正比关系。

多年前,1983年度诺贝尔医学奖得主,遗传学家芭芭拉·麦克林托克开始找第一份工作时,有见地的顾问告诉她说:"芭芭拉,做人要热诚!再丰富的经验,也比不上热诚能使你获得更大成就。"

的确,热诚的人能使沉闷的旅程变得格外刺激,使额外的工作变成一种发展自我的机会,使陌生人变成朋友。

哲学家爱默生曾写道:"没有热诚的个性,就不能成大事。"热诚的个性有如胶水,在你情况困难摇摇欲坠时帮你坚持下去。当你周围的人在喊叫"不,你做不了"的时候,它像你心中的声音,轻轻地说:"我做得了!"

芭芭拉·麦克林托克早期的研究结果,经过多年之后才得到普遍承认,但是她从未松懈过她的实验。工作对她来说有极大的乐趣。

充满热诚个性的人不论年纪多大,都仍然充满着青春活力,就是因为他们始终保持着一颗赤子之心。大提琴家卡隆尔斯90岁时,每天早晨都

第六章
培养热情开朗的性格

会先弹奏一下巴哈的乐曲。乐声从他的指间飘过时,伛偻的腰背会变得挺直,两眼再度流露出欢欣神色。

对卡隆尔斯来说,音乐是长生不老药,使人生变成永无止境的探险。正如作家兼诗人欧尔曼写过的话:"岁月令皮肤加添皱纹,失去热诚个性却令心灵发皱。"

怎样去重觅童年时的热诚?关键就在"热诚"这两字。英文"热诚"一词源于希腊文,意思是"内在的神"。"内在的神"其实就是一种历久不渝的爱,也就是适当地爱自己(确认自己),并且将这份爱推及他人。热诚的人爱他们所从事的工作,而不计较金钱、地位或权力。

热情助你走向成功

哲学家黑格尔曾经说过:"没有热情,世界上没有一件伟大的事能完成。"

美国的《管理世界》杂志曾进行过一项调查,他们采访了两组人,第一组是高水平的人——经理和高级管理人员,第二组是商业学校的毕业生。他们询问这两组人,什么品质最能帮助一个人获得成功,两组人的共同回答是"热情"。

热情高于事业,就像火柴高于汽油。一桶再纯的汽油,如果没有一根小小的火柴将它点燃,无论它质量再怎么好,也不会发出半点光,放出一丝热。而热情就像火柴,它能把你具备的多项能力和优势充分地发挥出

来，给你的事业带来巨大的动力。

一个没有热情的领导，整天无精打采，没有丝毫的朝气，那么，他的员工也会因此而失去工作的兴趣。当大部分员工都没了工作热情时，领导再怎么努力地去工作也是于事无补，他只能眼睁睁地看着自己的公司垮掉。有许多出色的领导者，都是凭着一股对事业的执着与热情，历尽艰辛，最后才取得成功的。

有一个哲人曾经说过："要成就一项伟大的事业，你必须具有一种原动力——热情。"所谓热情，就像发电机一样，是能使电灯发光、机器运转的一种能量，它能驱动人、引导人奔向光明的前程，能激励人去唤醒沉睡的潜能、才干和活力，它是一股朝着目标前进的动力，也是从心灵内部迸发出来的一种力量。

蒸汽火车头为了随时产生动力，即使停放在车库中时，也必须不断加燃料，让锅炉中的煤炭始终处于燃烧状态。人也同样如此，必须始终保持着旺盛的热情。任何人都会拥有热情，所不同的是，有的人热情只能维持30分钟，有的人热情能够保持30天，但是一个成功的人，却能让热情持续30年。

第七章
培养温和友善的性格

每个人都是生活在社会的圈子里的，每个人都离不开人际交往。每个人的成功都与他的人际关系及其处世技巧分不开。因此，友善地对待你身边的人，你就会受到别人的欢迎，成功的概率也就比别人高一些。

第七章
培养温和友善的性格

学会发自内心地赞美他人

美国心理学家马斯洛通过研究人的心理需要，将人的基本需要分为五类，并从低级到高级进行顺序排列，即生理的需要、安全的需要、社交的需要、尊重和爱的需要、自我实现的需要。

人类需要得到其所在群体的其他成员的表扬，如果缺少这一点，他就会认为人生失去了价值。在不同的社会里，人的追求各式各样，但有两样东西却无一例外地成为人们的共同目标，那就是名誉和权力。权力相对而言更为普遍。

我们希望别人能够处处发现自己的优点，并始终对我们怀着尊重与崇敬，那么我们就得先发现别人的优点并加以赞扬。

物理学上，力的作用永远是相互的，永远不会有单方存在的力；在人与人之间亦是如此。在和别人的一切交往中，应该记住很重要的一个原则是：别人是从自己的角度看待生活的，而不是从我们的角度来看待生活。

"人非圣贤，孰能无过？"当我们说这句话的时候，其实我们更看重的是"过"，我们用它安慰自己或别人。如果我们反过来看，人又怎样没有优点？如果我们以称赞别人代替那种消极的批评，那是不是更好？

当一个人沉迷于对别人的缺点指手画脚的时候，他在别人的眼中也会变成全身都是缺点的人。有位哲人说得好："别忘了，当你用食指指着别人背后说三道四的时候，你的其余三个手指正指着自己！"因此，不妨学着把注意力放到别人的优点上，别再那么计较他们的缺点。这样的话我们

同时也会养成一种发现别人优点的习惯,这种习惯如果运用到自己身上,将会大大地提高我们的自信心,培养我们积极的心态。

此外,当我们注意到别人的优点时,我们对别人的态度会变得更加积极、更加友好,从而也就更容易接受别人。一旦我们做到这一步之后,别人也会反过来更容易接受我们。因为感情的力量总是相互的。这样,我们就能与别人建立一种更为持久、更为亲密的关系,这对我们的个人生活和事业都是大有好处的。

称赞别人是鼓励他的最好的方法。尤其是在那些不为人注意的领域,适当的赞美更能带来巨大的效果。一个艺术家通常会因其作品而受到别人的祝贺,一个厨师因其美味可口的饭菜而得到赞扬。

一位有经验的老师说:"我从来不用红笔在学生的作业本旁边写上批评性的语言。恰恰相反,我总是努力寻找学生比上一次做得更好的地方,然后对此项加以鼓励。我相信当一名学生向你交上他的作业本的时候,他一直在焦急地等待得到某种肯定的评价。"

朋友多了路好走

要找一份好工作,建立人际关系网络是最有效的方法,这包括把你跟以往的同事、上司、教师及其他公司的人员等保持良好关系。

当有人向你求助的时候,千万不要左推右搪,要尽己所能帮助对方。你帮助别人,他欠你一个人情,日后你求他,他自然会反过来帮助你。有一点需特别注意,对所有人都不应采取"无事不登三宝殿"的态度,平日

第七章
培养温和友善的性格

注意与人保持联络——哪怕是一个电话也好，这让别人知道，他在你心目中占有一席之位。如果等到你有事时才找人，未免显得太过功利主义，那样徒然惹人反感。

懂得搞好人际关系网络的人会不断维护并逐步建立新的网络，扩大本身的影响力，到自己有条件开创事业时，跟你有关系的人士，往往会成为你的首批顾客。但是，在建立关系网络时，不要只与"大腕"打交道，不妨也跟行业内的中下阶层人员保持联系，因为你很难估计他们什么时候可以帮助你。

换工作并不是一件很难为情的事情，无须故作神秘，如果你希望有更多选择工作的机会，你就需要多听取朋友的意见，把自己的意愿明明白白地说出来，让大家替你留意一下，须知向人求助是一件很平常的事，不必担心人家会看不起你。

抛弃唯我独尊

现实生活中大家总会看到这样一些人，他们滔滔不绝而又斩钉截铁地表达自己不容辩驳的观点，他们的态度表明自己在这些事情上是不会出错的，别人只需要无条件地服从就可以了。有时候，他们还会绷紧面孔、颐指气使地指挥着别人，好像他们就是君临天下的帝王。这些人就是那些所谓的唯我独尊者。

难道采用这种态度能够得到什么好处吗？事实上，这样不但得不到什么好处，反而会在交际中把自己孤立起来，难以和别人相处。具备这种

态度的人往往想当然地以为这种态度是那些伟大人物或领袖们所独有的，它是充满自信的表现。然而可悲的是他们错了。那些伟大人物或领袖之所以能蜚声海内外，并非因为唯我独尊，而是在于他们从来不说太过自信的话，在于他们在尊重自己的同时尊重别人。正是这种肯于和多数平凡人打成一片的态度，才使他们取得了真正的成功。

爱迪生说过："有许多事我以为是对的，但是实验之后，我却发现错了，因此无论对任何事我都没有一种很自信的判定，如果某事临时让我觉得不对，我便可以马上抛弃。"一个人要有随时改变自己原先所做出的错误判断的勇气，这样才能使自己少犯错误。

不要说太过自信的话，这是一条很好的交际原则。如果你能坚持这一条原则，即使你将来发现你曾经说过的话有错误时，也不必收回你以前所说的话。你应该知道：你所表达的意思或信仰，毕竟还只是你个人的意见和信仰而已，而别人也还保留着他自己的意见和信仰并且拥有取舍的权利。做到了这一点，别人自然不会盯着你的错误不放，而你呢，也不用为自己的面子而坚持着错误，这样一来，自然就避免了陷入唯我独尊的可怕境地。

每个人都知道，自己越盲目自信，就越容易导致武断和自以为是。人们这种过度的肯定，无非是想遮掩对自己意见的某种疑惑。如果你能够摆脱这种想法，你就会养成"我和别人是平等的，我不应该用命令式而应该用协商式的方法去和别人相处"的好习惯。

在日常交际中，只要你抛弃了唯我独尊，你就会得到意想不到的收获。

第七章
培养温和友善的性格

学会换位思考

当你的朋友做了一些令人困惑的事情时，不妨先想一想他是如何看待这件事的，尽量从他的角度来考虑问题。这样，你就可以与不同的人进行交往，并能更好地理解他们。

在20世纪40年代的上海，一家报纸刊出广告说梅兰芳将要在上海出卖其绘画作品。当时梅兰芳就在上海，对此事毫不知情。明显是有人在利用梅兰芳的名声赚钱。梅兰芳的朋友们感到非常气愤，都想去找冒名者，给他一点颜色看看。梅兰芳得知后劝阻了朋友们，他说："此人声称是卖画的，虽然也是为了赚钱，但终究也是读书人，沦落到这种地步也是有难言的苦衷。"朋友们根据梅兰芳的意思去暗自做了一次调查，发觉事实正是如此。梅兰芳后来送了一些钱给那个卖画人，那个人非常感激，同时也十分的内疚，此后再也没有做过有损道德的事。

梅兰芳没有一味地采取过激行动而是站在对方的立场上想问题，从而挽救了一个落魄者。的确，如果我们把自己放在与对方平等的地位上，我们就将会彼此了解得更好。

每个人看问题的方法都会不一样。盲人在摸象时，有的人说像一堵墙，有的人说像一把扇子，有的人说是柱子。事实上他们谁也没有真正地掌握真相。你敢肯定你就一定是对的吗？也许你跟别人一样，也正在陷入同样的错误之中呢？

如果说成功有秘诀的话，那么这个秘诀就应该是了解他人的特点，

在从你自己的角度看问题的同时也从别人的角度看问题,来一个"换位思考"。

有些人认为请求别人的帮助,除了会给别人一种无能的印象之外,还会因此而欠着别人的许多人情。于是就自以为是地认为请求别人帮助是得不偿失的,尤其是对于与自己关系不是很深的人,就更加不愿意这样做。

人们时常有这样的念头:我自己能做,不会有求于人。事实上,你如果在适当的时候向别人求助,不但可以解决自己的困难,还可以给他人一种自豪感,他会觉得自己是重要的,同时也会对你产生好感。有些时候,即使你并不是真的需要帮助,但为了得到这种好感,也可以采取这种方法。

若能使被帮助者觉得他既得到了你的真心帮助,同时又维护了自己的自尊,这才是做得最到家的。

美国的一所中学在下暴雨的那几天里,无论天下多大的雨,他们都坚持不让学生放假。于是有不少家长纷纷打电话到学校,质问学校当局为什么如此固执。但当他们听完电话那边的解释后,一个个都欣然同意学校的决定,怒气全消了。

原来学校是这样回答的:"我们之所以这样做,是因为那些穷苦的孩子愿意来上课。学校如果停课,会使一部分穷苦的孩子失去学校在中午提供的免费午餐,这顿午餐对他们来说是很重要的。"这些打电话的父母就说:"那么学校就只为那些穷苦的孩子开课,让别的孩子回家不就得了?"学校是这样回答的:"不行。因为我们不能让那些穷苦的孩子感到是在受人施舍。自尊心对每一个孩子来说都是非常重要的。"

"不能让他们感到是在受人施舍。"这句话真是太令人感动了。

第七章
培养温和友善的性格

养成良好的风度举止

在现实生活中，总会有一些没有修养、举止粗鲁、容易冲动的人，他们根本就不会尊重别人，只知道一味地放纵自己的言行，宁可失掉自己的朋友也不去收敛自己的放肆言行。相反，一个人如果能够注意保持良好的风度，那他在人际交往中就会收到事半功倍的效果。

一个人的言谈举止、风度仪表是展现一个人外在魅力的主要方式之一。他的一言一行、一举一动都与他自己的风度仪表相关联，注意这些小节并使之规范化，就会给生活增添无限的光彩。

有些人认为，一个人的言谈举止、外在仪表无关紧要。事实上并非如此，在现实生活中，一个人的举止是否优雅、言行是否得体，对于一件事情的成败往往有直接影响。毫无疑问，得体的言行、优雅的行为举止能使社会交往更加轻松愉快，从而有利于事情的成功。

热情友好、彬彬有礼的言谈举止无疑会使人心情舒畅，在这种友好的交往中，成功往往就会到来。也就是说，亲切友好的言谈举止有助于事业成功。与此相反，不良的言谈举止、粗鲁庸俗的言语只会使人顿生厌恶之感，这样一来，什么生意、交易都做不成。在与人交往的过程中，第一印象特别重要，而一个人是否有礼貌、是否谦恭有礼往往对第一印象有十分重要的影响。

友善的言行、得体的举止、优雅的风度，这些都是走进他人心灵的通行证。无论老年人还是年轻人的心都是向举止得体、彬彬有礼的人打开

的。态度生硬、举止粗鲁的人在生活中会经常碰壁，令人生厌。

在一定程度上可以说，一个人的风度举止反映出一个人的内在品格。也就是说，一个人外在的风度举止是其内在本性的表现。它反映出一个人的兴趣、爱好、情感世界、性格以及他早已习惯了的社会习俗，等等。

这些经过长时期自我修养、自我教育而养成的个人的行为方式，乃是一个人本身性格、气质、禀性的综合反映，因而，这些与个人内在的本性相关联的仪表风度以及待人接物的方式、方法就具有不可小视的意义。

一个人的思想情感对于一个人优雅的风度有着极大的激励作用，对于一个有教养的、举止优雅的人来说，高尚的情操乃是快乐和愉悦之源。同情心是打开他人心房的金钥匙。它不仅使人温和有礼、谦恭待人，而且使人心智洞开、富有远见。可以说，同情心乃是美好人性中的至尊至贵的情感。

真正的良好风度必出自善良。心地善良的人必然乐于帮助他人，而不愿意看到别人痛苦或烦恼。正如友好和善意一样，谦恭有礼自然让人感到轻松愉快。谦恭有礼与友善的行为总是不可分离的。

真正的良好风度总是特别表现在对别人关心这一点上。如果一个人希望别人尊重自己，首先尊重他人，即使别人的思想观点与自己相左，也要善于容纳。

真正有礼貌的人总是尊重他人的意见和看法，从不强求他人的意见与自己的一致，有时需要控制自己的情绪，压制自己的意见、虚心听取他人的不同意见。

那些明智的、有礼貌的人从来就不会表现出自己比别人更优越、更聪明或更富有。他们从来不向别人夸耀自己高贵而显赫的社会地位，不向别人炫耀自己的职业，或者总是夸夸其谈地谈论自己的工作，一开口就要炫

第七章
培养温和友善的性格

耀自己的生活或工作经历。

那些具备良好风度的人们总是温良谦恭，从不装腔作势、装模作样、夸夸其谈。他们总是通过自己的行为而不是通过自己的言语来证实自己的内在品性。正是由于这种处世态度，他们才能取得非凡的成就，创造完美人生。

学会以理服人

一个有个性的人，首先要懂得用道理去征服别人。不论你用什么方式指责别人，都很难使他改变主意，即使是当时改了，也是不情愿的。

当本杰明·富兰克林还是个年轻人时，有一天，一位教友会的老朋友把他叫到一旁，把他尖刻地训斥了一顿："你真是无可救药，你已经打击了每一位和你意见不同的人。如果你不在场，他们会自在得多。你知道得太多了。"

富兰克林接受了那次严厉的批评，他决定立即改掉傲慢的个性。于是，富兰克林给自己立下了这样一条规矩：决不正面指责别人，同时自己也不能太武断。他甚至不允许自己在文字或言辞上太肯定。他不说"当然""无疑"等，而改用"我想"，当别人陈述一件他不以为然的事情时，他决不立刻驳斥他，或立即指出他的错误。他会在回答的时候，表示在某些条件或情况下，别人的意见并没错，但在目前看来好像稍有不当，等等。他很快就发现改变态度的收获——凡是他参与的谈话，气氛都融洽得多了。他以谦虚、理性的态度来表达自己的意见，不但容易被接受，还减少了一些冲突。

在美国南北战争的时候，罗伯特·李将军是南部邦联军队的统帅。有一次，他在南部邦联总统杰佛生·戴维斯面前，以赞誉的语气谈到他属下的一位军官。

在场的另一位军官大为惊讶地说："李将军，你知道吗？你刚才大为赞扬的那位军官，可是你的死敌呀！"

"是的，"罗伯特·李将军回答说，"但是总统问的是我对他的看法，不是问他对我的看法。"

罗伯特·李将军的话传到了那位军官的耳中，那位军官不由对罗伯特·李将军产生了一种好感，因此，渐渐地改变了自己对罗伯特·李将军的看法。罗伯特·李将军正是依靠自己的理性赢得了那位军官的信服。

即使在态度温和的情况下，要改变别人的主意都不容易，何况采取更激烈的方式呢？十之八九，争论的结果会使双方比以前更相信自己是正确的。如果你的胜利使对方的论点被攻击得千疮百孔，那又怎么样？你会觉得扬扬自得。但他呢？你使他自惭，你伤了他的自尊，他会怨恨你的胜利。你会因此而失去一个好客户、好朋友或好下属。

学会聆听

生活中，往往要求我们做一名好的听众。做一名好的听众意味着对说话者的尊重与关注，意味着对他们的理解和确认。

听的重要性不亚于说，一个善于倾听的人，能使别人产生好感，给别人留下好的印象，从而很容易与别人交上朋友。

人都有被尊重的欲望，这是你在社交中应该注意的。只有你尊重别

第七章
培养温和友善的性格

人,他们才会尊重你。因此你要让对方感到你在重视他。富兰克林说:"总而言之,用耳朵比用嘴会得到更多的东西。"你不必在意你能否成为交谈场合的中心,你只有首先成为一名好的听众,你才会处处受到欢迎。人们都不会拒绝一名乐于倾听他说话的人。

"如果你想要仇人,就应表现得比别人优秀;如果你想要朋友,就让别人表现得比你优秀。"法国哲学家罗斯法古的这句话似乎不合情理,但事实正是这样的,我们自己若是表现得太优秀太出色,往往会使别人自叹不如,从而产生妒忌——这离成为"仇人"已经不远了;相反,若给别人一个表现的机会,让他们有优越感和自豪感,他们就会友好地对待我们,我们就会很容易被他视作朋友。

然而,我们却常常忽视这一点,我们总是想方设法抓住一切机会来表现自己,似乎是为了让别人感觉到我们的存在,我们时常喋喋不休地说个不停。

有人说:"你希望别人怎样对待你,你就应该怎样对待别人。"可见,我们若想让别人同意我们的观点,就先得给别人一个表达自己观点的机会。

学会听别人说,我们才会说得更好。未当过观众,演员怎么能知道观众想看什么呢?同样,没做过听众,又怎么可能在说话时抓住听众的心理呢?

学会听别人说,也是对别人的一种尊重。假如我们在发言而别人在看书、剪指甲,甚至小声唱歌,我们会有什么感想呢?我们是否会有一种被愚弄的感觉?

再则,先听别人说,我们也会从中获得有价值的信息。我们可以把别人的观点与自己的观点做一下比较,从中吸收其精华部分,来充实自己。

此外，在听别人说的过程中，还可以培养我们的耐心，使我们变得更有涵养。我们集中注意力，倾听并理解别人的观点，不知不觉中也会锻炼自己的分析能力，这些对我们有百利而无一害。

要做个积极的听众，我们应该努力从多方面去做。

我们要排除干扰，把精力集中到说话者身上。对于任何干扰因素都应漠视它们的存在。此外应尽量找一个最能看清楚说话者的位置，看着他说，即使声音小一点，我们仍然会听得清，这是把视觉和听觉综合运用的结果。因为当我们看的时候，耳朵也会跟着去听。同时，心里还可以重复讲话者所讲的内容，一来可以赶走杂念，二来也可以加强听觉效果。

在听的过程中，我们应友好地注视对方，这样对方会觉得我们在关注着他，他同时也会注意我们，从而为彼此之间的心理沟通做好了准备，同时做出必要的反应。

适当提问可以增加相互间的交流与理解，消除许多不必要的误会。在生活中，许多误会就由于懒于提问而产生。

一个建筑公司下属工地的负责人给他们的项目经理打了一份报告，开头是这样写的："经理阁下……"这位经理恰好是一位中国传统文化的忠实拥护者，他反感这一类的句子。于是他便在旁边做了批示："请注意开头。"为此，工地负责人立刻调集人手，把前期工程详细检查了一遍，然后又重新打了一份关于前期工程的报告。

原来，这位负责人以为经理建议他注意工程的开头部分。弄清真相后，这位经理感到哭笑不得。

好的聆听者善于从别人的说话中吸取新的、有价值的东西。我们应把别人的观点与自己的做一个比较，将它们加以综合，然后得出最佳的构思和方案。于是，我们更懂得了如何与别人相处，如何去接受别人的观点，

第七章
培养温和友善的性格

让别人觉得他是重要的。

学会聆听,是打开交流之门的金钥匙。只要用心做,我们就会拥有成功。

原谅伤害过你的人

生活中,我们各自走着自己的生命之路,难免会有所碰撞,即使最和善的人也难免会伤害别人。说不定就在昨天,或许是在很久以前,某个人伤害了你的感情,而你又很难忘掉它,但是你必须学会原谅伤害过你的人,这是交友的一种良好个性。

曾经有一位哲学家说过,堵住痛苦的回忆激流的唯一方法就是原谅。原谅能带来治疗内心创伤的奇迹,可以使朋友之间去掉怨恨,相互谅解。

格洛斯是一名出色的田径运动员,几年前在一次车祸中成了残疾人。为此,他那美貌的妻子离开了他。他只好沉湎于美好的往事回忆之中,面对未来,他只有愤恨,但最终他还是原谅了她。他说,如果他只是终日地沉湎于对她的昔日情爱的回忆之中,整天只是怨恨她的冷酷,那么他只能终日流泪,对他的身体有害无益。让过去的事情过去吧,他需要的是获得未来的幸福。

原谅别人不是软弱的表现,而是宽容大度的象征。怨仇相报抚平不了心中的伤痕,它只能把双方捆绑在永久的回忆中。

"既生瑜,何生亮?"看过《三国演义》的人都知道,英姿焕发的周公瑾为他的对手诸葛亮所气,大叫一声,吐血而死,从而留下一个"诸葛

亮吊孝"。仇视何益？愤恨何益？徒伤自己而令对手称快而已。有人说，为你的仇敌而怒火中烧，烧伤的只能是你自己。在《圣经》里耶稣向人们说："应爱你们的仇人，善待恼恨你们的人；应祝福诅咒你们的人，为毁谤你的人祈祷。"

少用仇视的态度对待对方，能够协调你与对手的关系，从而建立相互尊重的友谊。

美国竞选，对手之间相互攻击，甚至败坏对手的名声，但仍可在对手所组内阁中担任重要职务，对人性的协调不能不说是一种启示。能够与你成为对手的人，必定有着与你能够分庭抗衡的能力和实力。由林肯委任而居于高位的人，很多都是曾批评或者羞辱过他的政治对手，于是林肯得以维护了国家的统一。

可是，如果你用报复的手段对待对手，会招致一个什么样的局面呢？它将使你的对手更坚定地站在你的对立面，去阻挠、破坏你的行动，破坏你创造的一切成果。而你也会因为心中充斥报复的愤怒无暇他顾，你的理想和目标又如何能实现呢？德国著名哲学家叔本华曾说："如果有可能的话，不应该对任何人有怨恨的心理。"

学会幽默

幽默就像一个忠告者，它含着微笑告诉人们，人生是多么的可爱，它是智慧、文明的表现。幽默不仅表现了人们对待人生的自信乐观态度，同时还给别人带来快乐的享受，它在人们的生活中有着特有的魅力。

第七章
培养温和友善的性格

幽默的人与人交往，能够使人心情轻松，无拘无束，因而很受人欢迎。幽默能够缓和紧张气氛，化干戈为玉帛。在紧张的时刻，幽默的人往往能够处危不惊，镇定自若。幽默能显示出一个人的胆识和大度，给人以安全感。

在意大利有一种非常奇特的治病方法——以幽默诗治病。在一些书店或药店里，可以买到普通药品一样装潢的药盒，上面标有"主治""日服量""禁忌"等字样，里面装的不是普通药品，而是印刷精美的幽默诗篇。

意大利诗药研究中心的研究表明，这些"药品"治疗抑郁症、精神分裂症、健忘症等，效果非常好。

真正的人生是严肃的，谁若游戏人生，它将加倍地戏弄谁。我们要学会幽默，并不是说要我们在对待人生的重大问题上采取轻松调笑的态度，而是要我们在生活中的一些事情上，适当地放松一下，不要过于死板，这样才会使生活更富有情趣，即使难以解决的问题，也会找到突破口。

据说有一次美国大作家马克·吐温戴着一顶破烂的帽子走在大街上，一个阔少看见了，走过来对他说："喂，你脑袋上的那个东西能叫帽子吗？"马克·吐温毫不示弱地回答道："你帽子下面的那个东西能叫脑袋吗？"正是采取了幽默的应付办法，使得马克·吐温免受了侮辱。

民国时期北大有位很著名的学者叫作辜鸿铭，他是个非常古怪的人。他最大的古怪之处是极力赞成一夫多妻制，虽然在当时遭到众人非议，但他却仍然坚持自己的观点。在很多场合，他采取的就是幽默的方法。他总是说："男人好比茶壶，女人好比茶杯。一个茶壶配几个茶杯是天经地义的事，哪有一个茶杯配几个茶壶之理？"在一次记者招待会上，一位外国女士也问他为什么要坚持一夫多妻制。他反问那位女士："夫人是以什么代步的？"当他得到是汽车的答复后，他继续问道："那么，夫人府上想

来也是备着四个打气筒的了?"此话引得周围人哄堂大笑。

幽默所带来的笑声是爱情和婚姻的添加剂,是家庭生活和人际关系的调味品。如果让幽默充满你的家庭,你将会感到你的家庭是多么的快乐与幸福。

古希腊大哲学家苏格拉底有一次与朋友们热烈地讲着哲学上的问题。他那比他年轻得多但却缺乏教养的妻子让他停止说话,但苏格拉底正谈得兴起,没有听从。他妻子发了脾气,对他恶语相加。一会儿,她突然端进来一盆水,猛地泼在他的头上。这种场面令周围的人十分尴尬,苏格拉底抖了抖头上的水珠,对朋友们笑着说:"我早就知道雷声之后便会是大雨。"这句话使朋友们觉得很有趣,也给大家解除了尴尬。

争取好人缘

在日常生活中,与人为善,是争取好人缘、获得成功的重要方式。有很多成功者都能与人为善,并且能与他人相处融洽。

每个人都希望自己完完全全地被接受,希望能够轻轻松松地与人相处。然而,在一般情况下和人相处时,很少有人敢于完全地暴露自己的一切。所以,一个人若是能让你感到轻松自在、毫无拘束,你就会非常喜欢和他在一起,也就是说,你希望和能够接受你的人在一起。专门找别人的错误和喜欢吹毛求疵的人,一定不是个好朋友。但是,请不要设定标准,并叫别人的行动必须合乎自己的"准则",应该给对方一个自我的权利。

别要求对方完全符合自己的喜好,以及在行动上完全符合自己的要

第七章
培养温和友善的性格

求,要让你身旁的人轻松自在,能接受任性、粗鲁的人往往具有带动他人向上的领导作用。一个原本脾气暴躁、行为粗鲁的人,在不知不觉中却变得友善、和蔼,问他原因,他说:"我的妻子信赖我。她从不责备我,只是执着地相信我,使我不好意思不改变。"

很多优秀的人,往往能影响本性善良的人,使他们更好。但是对于任性、粗暴的人,他们往往束手无策。为什么呢?因为那些优秀的人根本不能接受粗暴的人,甚至于避之如蛇蝎,在感情上并不相通,这样是无法改变他们的。

一位著名精神科医生在谈到人际关系中的包容问题时说:"如果大家都有包容的雅量,那我们就失业了!精神病治疗的真谛,在于医生们找出病人的优点,接受它们,也让病人自己接受自己。医生们静静地听患者的心声,他们不以惊讶、反感的道德式的说教来批判。所以患者敢把自己的一切讲出来,包括他们自己感到羞耻的事与自己的缺点。当觉得有人能包容、接受他时,他就会接受自己,有勇气迈向美好的人生大道。"

同时,社会上的每个人都渴望得到承认,得到与他相关的所有人的承认。承认比包容更深一层。包容,实际上是消极的做法。大家包容对方的缺点与短处,伸出友谊的双手接受他们,这只是消极的做法。倘若是积极的做法,就是找出对方的长处,不光是停留在接受忍耐对方的缺点上。

总之,一个人如果能够包容别人,能够承认别人,与人为善,他就一定会有许多朋友。

善待你的对手

在人们的内心深处总有一种渴望,那就是希望被别人喜欢和欣赏。根据调查显示,人最强烈的一种欲望就是得到大家的喜爱。

但是,如何与他人相处并不是一件易事,更何况是自己的对手。那么究竟该如何面对自己的对手,并让他喜欢自己呢?其实,答案非常简单——"当然是喜欢别人"。

如果让一个人去喜欢他的对手,确实是件让人头疼的事。不过当一个人可以真心地喜欢他人时,他一定也会招人喜欢。所以,要获得他人的喜欢,首先必须要真诚地喜欢他人。这种喜欢必须是发自内心的,而非另有所图。

当然,这并不容易做到,某些人感到喜欢别人比较困难,但是如果你能学着多喜欢别人,今后对别人产生好感就越容易。光靠嘴巴上说"我要去喜欢他人"是没用的,它虽然很简单,但并非很容易做到。"喜欢别人"是一种生活方式的结果,它是一种训练有素的思维模式的产物。而能使你喜欢别人的一种思维方式,便是积极思考。也就是说,你必须以一种积极的态度,而非消极的态度善待其他人。

当人们摒除了恐惧、忧虑及自我中心意识后,他们便会发现生命中真正的乐趣及喜悦,整个世界便犹如焕然一新。他们觉得自己可以开始去爱所有的事物,他们也变得更加热心、快乐,因此就会赢得别人真正的喜爱。他们由畏缩退让、心怀忧虑的人,转变成充满活力、有魅力的人。他

第七章
培养温和友善的性格

们变得心胸开阔，对人充满友善和仁慈。

一个人如果只关心自己，就很难成为一个被人喜欢的人。要成为被人喜欢、受人敬重的人，必须将注意力从自己的身上转到他人身上去。因为人性中最强烈的欲望便是希望得到他人的尊重。这句话对于任何人都适用。如果你只是过度地关心自己，就没有时间及精力去关心别人。别人想获得你的关心，却无法从你这里得到，当然也不会去注意你。

另外，你必须通过表面现象看清一个人的真貌。如果你帮助他，使他达到他内心中所期望的境界，你当然可以赢得他的敬重和信赖。如果在一个艰难的处境中，你能对一个人表现出你的理解和爱心，则不只是那个人，其他的人也同样会对你非常敬重。

所以，如果你对他人真正有兴趣并且认为他们很重要，如果你经常关心他们，这无疑会增加你获得成功和幸福的概率，别人也会因此而喜欢你。你必须向他们提供建设性的意见和帮助，同时具备与人沟通的技巧。知道如何帮助别人是一门艺术，一个人如果知道怎么做的话，必能获得别人持久的感情。

只要你真的能够做到了解并喜欢你的对手，那他也会向你回复这些善意的举动。在竞争如此激烈的今天，少个对手比多个朋友还要使人愉悦。因此，请你善待你的对手。

第八章 走出不良性格的迷雾

世间万物都具有两面性，人的性格也不例外，性格在给你带来优点的同时，也给你带来了缺点。认识性格上的负面影响，可以将自己的精神状态向好的方面引导。了解性格的误区有利于消除自我厌恶感。所以，走出性格的迷雾，你就离成功更进一步了。

第八章
走出不良性格的迷雾

多疑有碍成功

多疑能使人陷入迷惘，混淆敌友，从而破坏自己的事业。多疑的人，整天提心吊胆，戒备他人，防范来自外界的侵害，身心时刻承受着巨大的压力。一个人如果把大量的精力和思考耗费在无谓的多疑上，就不可能完全发挥自己原有的能力，因而最后的结果必定是碌碌无为的。多疑会阻碍一个人的志向，减弱一个人真正的力量，并损害自己的健康，降低自己的工作效率。一个多疑的人，在工作上会因为心神散乱，失去清晰思考、合理规划的能力，注意力不能集中，所以工作上就不会有出色的表现。

虽然这些人也渴望拥有知己，但因为他们担心被别人利用、欺骗，所以在与人打交道时，在心理上预先就设下了层层障碍，对他人过于谨慎，满腹狐疑，不愿讲心里话，也不放心把一些事托付给朋友去做。他们行为乖张、古怪，言语尖酸、刻薄，别人对他越和蔼亲近，他就越猜疑别人是别有用心；别人一时没顾及他，他又觉得是在排斥他；别人赞美他，他又觉得是在嘲讽他；别人指出他的不足，他又以为是故意跟他过不去，所以他们无论如何也难以相信别人。他们展现在别人面前的是虚伪与勉强的笑容，让人一眼就可以看出他的疑心和忧虑，使得别人无法完全信任他，因为信任是相互的，"投之以桃，报之以李"。多疑的人因为整天考虑别人的心思，看所有的人和事都带着深深的偏见，所以在别人看来，他们有时显得有些神经过敏，因此多数人不愿和多疑的人交往，而是远远地躲着他们。多疑的人，常常是独来独往、个性孤僻的。

多疑的人,由于对一切都采取不信任的态度,所以很难与别人合作,从而得不到他人的帮助,而别人因为他的不信任,所以也不愿全力去帮助他。一个人的力量毕竟是有限的,这样他离成功就会越来越远。作为普通员工来说,最大的希望就是能被上级赏识和信任,这样工作起来才有积极性。如果得不到信任,就会对工作失去信心,容易产生敷衍和厌烦心理。如果一个普通员工有多疑心理,那么他整天不是担心上级不满意就是担心同事的刁难诬陷,时刻防备着身边所有的人,生怕别人都和他作对,所以工作起来顾虑重重,很难做到专心致志,也就谈不上有什么工作成绩。因此,多疑者总是一到关键时刻,就推开成功的机会,有时机会就在他们面前,他们也看不清抓不到,经常与机会擦肩而过。

多疑的人,一旦发展到一定程度,就会报复别人,结果常常是以害人始,以害己终。

摒弃优柔寡断

对于生活中所碰到的种种问题,人们不可能总是处理得很正确,趋利避害。假如遇事不是优柔寡断、举棋不定,而是采取果断行事的原则,就会将可能发生的错误减少到最小。

有些人不敢决定种种事情,不敢担负起应负的责任,而他们之所以这样,是因为他们不知道事情的结果会怎样——究竟是好是坏,是凶是吉。

他们常常对自己的决断产生怀疑,不敢相信自己能解决重要的事情,因为犹豫不决,他们往往失去很多本该拥有的东西。优柔寡断的人往往不是有毅力的人。优柔寡断可能破坏一个人的自信心、决断力,并且大大浪

第八章
走出不良性格的迷雾

费人的精力。

对于想成功的人来说，犹豫不决、优柔寡断是自己的很大的障碍。它可能在其他不利因素出现之前，就把你置于无法自拔的境地。不要再等待、再犹豫，要尽快培养自己遇事果断处理的能力、遇事迅速决策的能力，对于任何事情切不可再犹豫不决。

其实在人们做出的所有决定中，只有少数是相对复杂一点的事情，因此在决断之前需要从各方面来加以权衡和考虑，要充分运用自己的常识和知识进行最后的判断。

而对于大部分事情，在进行通盘分析、筹划之后，在做决定的时候就要做到一旦打定主意就不再更改，不再留给自己回头考虑、准备后退的余地。一旦做出决策，就要断绝自己的后路。只有这样，才能养成坚决果断的习惯，这样既可以增强人的自信，同时也能得到他人的信赖。

决策果断的人，在做决定时难免会发生一些错误，但是他因为自信，再加上以后经验、阅历的增加，往往会把错误决策可能带来的损失弥补起来。他们要比那些做事犹豫、时时小心的人强得多。做一个决策果断的人会给人带来成功。

不要轻易冲动

冲动是一种每个人都具备的情绪类型。在某些情况下人会由于冲动失去对自我的准确把握，具体表现为在行动之前缺乏思考，使得行动具有了盲目性。

曾经有人告诫易冲动的人："首先控制你自己，然后你才能控制别

人。如果你想在未来的奋斗中取得成功，就必须学会控制冲动。"

控制自己的冲动不是件容易的事情，因为每个人心中永远都存在着理智与冲动的斗争。控制冲动是按理智判断行事，克服追求一时感情满足的本能愿望。一个真正具有控制冲动能力的人，即使在情绪激动时也能够做到这一点。

控制冲动表现为自我控制感情。与现代通俗心理学所提倡的相反：自由并非来自"做自己高兴的事"，或者采取一种不顾一切的态度，而是来自战胜自己的冲动感情，证明自己有控制自己冲动的能力。如果任凭感情支配自己的行动，就会使自己成为感情的奴隶。一个人被自己的感情所束缚，比戴着枷锁还悲哀。

人的感情冲动容易倾向于获得暂时的满足。但是，生活的意义，并不意味着人应该采取某种仅使自己今天感到愉快而不顾及明天的后果，而应该通过努力做使生活更有意义的事，向着未来的目标奋进。不论如何享受现在的生活，控制冲动、深谋远虑总会有益于未来。不要把未来看作是一个永远不会显现的模糊的小点儿。它会显现的，而且几乎总是比人们预期的来得早。如果现在不能有效地控制冲动，那么麻烦总是恼人地提前到来。认识了这一点，便向着养成控制冲动的性格迈出了重要的一步。

另外，控制冲动是培养正确理解现实能力的表现。只要有相当的知识和智慧，就不会拿"我没有别的选择，我不得不这样做"这种话当作行事冲动的借口。这种"不是借口的借口"总是被那些因冲动而导致不断失败的人一再使用。

值得提醒的是，只有付出代价，才能换取享受长期愉悦的结果。

能够控制冲动的人具体表现为：社会适应能力强，较具有自信，人际关系较好，也较能面对挫折，在压力下不会退却、紧张、崩溃或乱了方

第八章
走出不良性格的迷雾

寸，能积极迎接挑战，面对困难也不轻言放弃，追求目标时能压抑立即得到满足的冲动。

而控制冲动能力差的人具体表现为：让人觉得难以接触，顽固，易因挫折而丧志，遇到压力容易退缩或惊慌失措，容易怀疑别人及感到不满足，易忌妒或羡慕别人，因易怒而常会与人争斗，而且不易压抑立即得到满足的冲动。

付出同样的努力，一个人成功了，另一个人则失败了。他们可能都知道成功的途径，但他们之间有一个主要的区别：成功的人总是约束自己，去做正确的事情，而失败的人总是容忍自己冲动的感情。

克服自卑的心理

失败并不意味着不能成功，而只能说明暂时没有成功。同样，自卑并不意味情况很糟，而是在于意识深处的症结使然。若让过去的阴影影响今天的状态，陷入自卑的泥潭中，就很难想象这种人会有多大的成就。

自卑是一种消极的自我评价或自我意识，即个体认为自己在某些方面不如他人而产生的消极情感。自卑心理就是个体对自己的能力、品质评价偏低的一种消极的自我意识。具有自卑心理的人总认为自己事事不如人，自惭形秽，丧失信心，进而悲观失望，不思进取。一个人若被自卑心理所控制，其精神生活将会受到严重的束缚，聪明才智和创造力也会因此受到影响而无法正常发挥作用。

那么，人们为什么会有自卑心理呢？

从环境角度看,个体对自己的认识往往与外部环境对他的态度和评价密切相关。这点早已为心理学理论所证实。例如,某人的书法很不错,但如果所有他能接触到的书法家和书法鉴赏家都一致对他的作品给予否定性的评价,那就极有可能导致他对自己书法能力的怀疑从而产生自卑,甚至陷入自我否定的泥潭中。

不良的环境易使人产生自卑,良好的环境则能消除自卑。从主体角度来看,自卑产生的根源在于个体生理状况、能力、性格、价值取向、思维方式及生活经历等个人因素,尤其是其童年经历的影响。心理学家弗洛伊德认为,人的童年经历虽然会随着时光的流逝而逐渐淡忘,甚至在意识层中消失,但仍将顽固地保存于潜意识中,对人的一生产生持久的影响力。所以,童年经历不幸的人更容易产生自卑。

良好的个人因素对自卑的克服有重大的影响,同时它也是建立自信的基础。然而,俗话说:"金无足赤,人无完人。"世人不可能有人能在生理、心理、知识、能力乃至生活的方方面面都成为强者。因此从理论上说,天下无人不自卑,自卑的情形在任何人身上都存在,几乎所有人都有自卑的心理,只是表现的方式和程度不同而已。

自卑感较强的人,常常通过牺牲自己的权利而让旁人来证实自己。自卑心理的产生,往往并非认识上的差异,而是感觉上的差异。也就是人们通常不喜欢用现实的标准或尺度来衡量自己,而是相信或假定自己应该达到某种标准或尺度。结果,反而滋生了更多的烦恼和挫折,使自己更加自卑和自责。实际上,你自己就是你自己,古往今来独特的你,你不必"像"别人,也无法"像"别人,更没有人要求你"像"别人。因此,要想不被周围的环境所俘虏,走出自卑,就需要敢于面对挑战并迎接它、战胜它。补偿心理就是克服自卑心理的法宝。

第八章
走出不良性格的迷雾

补偿心理是一种心理平衡机制。个体在适应社会的过程中时常有所偏差，为了克服这些偏差，于是从心理方面寻找出路，力求得到补偿。这种寻求补偿的意愿往往随自卑感的增强而增强。

从心理学上看，这种补偿其实就是一个"移位"，为克服自己生理上的缺陷或心理上的自卑感，而发展自己其他方面的特征、长处和优势，从而赶上或超过他人的一种心理平衡机制。事实上，也正因为如此，自卑感就成了许多人士成功的动力，变成他们超越自我的主要因素。而"生理缺陷"越大的人，他们的自卑感也越强——成就大业的本钱就越多。

当然，这并不是在宣扬自卑感越强就越能成就大业。自卑心理容易使人止步不前，在不足面前人们要科学地对待，把必要的自卑感当作前进的动力，不时鞭策自己、磨炼自己，如此，便能防止陷入自卑的泥潭，从而走向成功的光明大道。

远离忌妒

私心是忌妒的起点，私欲是忌妒的目的。忌妒是邪恶的开端，忌妒者原本是想害人，结果却往往是害了自己，忌妒不但会把人的道德、情趣引向低级和庸俗，而且会把忌妒者的聪明才智引向邪路。

世界著名作家塞万提斯说过："忌妒真是万恶的根源。"忌妒就像搬起一块石头本想去打别人，不料却砸伤了自己的脚。忌妒者既仇视和诋毁别人的成功，又哀怨自己的无能，终日自寻烦恼、自讨苦吃，所以要尽快摒弃忌妒的恶习。

忌妒心强的人虚荣好胜，一旦达不到目的便怨天尤人，长此以往，这些人在生活、工作和学习中，就会患得患失，顺利时兴高采烈，得意忘形；失意时便垂头丧气，萎靡不振。忌妒心太强的人总是抱着自己不好、别人也别想好的心态。鲁迅先生曾说过："这种人就像很矮的人，总是瞪着不示弱的眼睛，千方百计地想把别人也拉矮，同他们穿一个号码的裤子。"

忌妒不仅给他人带来痛苦、损害和灾难，而且对自己也造成伤害。所以，古希腊哲学家德谟克利特说："忌妒的人常自寻烦恼，这是他自己的敌人。"忌妒心强的人，一般自卑感较强、自信心不足，但他们却有着极强的虚荣心，不甘心落后，不满足现状。

忌妒心强的人，时时刻刻绷紧心上的一根弦，整日处于紧张、焦虑和烦恼之中，他们不能平静地对待客观世界，也不能理智地对待自己和他人，他们对比自己优秀的人总是怀着不满和怨恨之情，对比自己差的人又总是怀着唯恐他们超过自己的恐惧之心。

忌妒的受害者首先是忌妒者自己。莎士比亚说得很确切："忌妒是绿眼的妖魔，谁做了它的俘虏，谁就要受到它的愚弄。"忌妒者经常处于愤怒忌恨的情绪中，势必影响自己的生活与事业。生气是用别人的缺点来惩罚自己，忌妒却是用别人的优点和成就折磨自己，因而它就能更加残酷无情地毁掉自己的前途和事业。忌妒者的光阴和生命就在对他人怨恨中毫无价值地消磨掉，到头来两手空空，一事无成，俗话说："世上本无事，庸人自扰之。"忌妒者都是庸人，他们给自己制造烦恼、痛苦和思想包袱；他们给自己制造敌人，树立对立面；他们给自己制造不平静。

忌妒心理是一种被扭曲的心态，使人难以进行正常思维，对人对事往往持否定和排斥的态度，以偏概全，怀疑一切。对他人往往尽量贬低，吹毛求疵，一旦别人在某些方面超过了自己，就会妒火中烧，忌恨难忍，使自己陷入一种难以自拔的境地。这些人不靠自己的努力获得大家的尊敬，而是想方设法贬低或控制成功的人来抬高自己。他们喜欢批评别人，希望能因为贬损别人，而使自己名气大增。

黑格尔说过："有忌妒心的人，自己不能完成伟大的事业，便尽量去低估他人的伟大，贬抑他人的伟大使之与他本人相齐。"

做人不要过于悲观

一个人在感到悲观的时候，千万不要着手解决重要的问题，也不要对影响自己一生的大事做什么决断，因为那种沮丧的心情会使人的决策步入歧途。

一个人在精神上受了极大的挫折或感到沮丧时，就会变得不理智，做出的决定会很偏激，让人觉得不可理解。

有很多人在感受着极度的刺激与痛苦时，他们竟会想到自杀。虽然他们明明知道，所受的痛苦是暂时的，以后必然能从中解脱出来。

在希望彻底断绝、精神极度沮丧的时候，要做一个乐观者，仍然能够善用理智，是一件很不容易的事，但这却是人们真正所需要的。

有很多年轻人，在他们的职业活动遭到挫折的时候，就会立刻放弃他们的职业，转而去从事完全不适合他们的职业。到了后来，虽然对所选择的新职业完全没有了兴趣，但也只能勉强去做，因为他们怕再跌上一跤，遭到他人的讥笑。

还有许多才华横溢的年轻人，到国外去学习音乐和艺术，因为受了挫

折和思念家乡的缘故，便半途辍学回国了，而到了后来又后悔莫及。

他人都已放弃了，自己却还在坚持；他人都已后退了，自己还在前进；眼前没有光明、希望，自己还是不懈努力——这种精神，才是一切创造家、发明家等成功人士能够成功的原因。

生活中，经常有一些上了年纪的人说这样的话："倘使我一开始就努力，即便遇到挫折，也不悲观，不改初衷，仍旧照着我的志向去做，恐怕已经颇有成就了。"许多人都是在壮志未酬和悔恨中度过自己的晚年，这种悔不当初的懊丧，都是由于他们年轻的时候立志不坚，一受挫折便中止了自己的努力。

因此，不管眼前是怎样的不利，心中是怎样的愁闷，你都要在缓解悲观情绪之后，再考虑和决定你在重大事件上的步骤与做法。对于一些需要解决的重要问题，必须要有最清醒的头脑和最佳的判断力。在悲观失望的时候，千万不要解决有关自己一生转折的问题，这种重要的问题总要在身心最快乐、最平静的时候去决断。

因为人在恐惧或失望的时候，不会有精辟的见解，也不会有正确的判断力。而健全的判断，基于健全的思想；健全的思想，又基于清楚的头脑、愉快的心情。所以，一定要等到自己头脑清醒、内心平和的时候来计划一切。

第八章
走出不良性格的迷雾

走出恐惧的阴影

恐惧使许多人无法履行自己的义务，因为恐惧消耗他们的精力，损害和破坏他们的创造力。心存恐惧的人是无法充分发挥其应有才能的。

恐惧能毁灭人的自信，使人变得优柔寡断。恐惧还会让人动摇自信心，不敢从事任何工作，并使人们犹豫不决。恐惧是能力上的一个大漏洞。其实恐惧只是一种心理想象，是一个幻想中的怪物，一旦你认识到这一点，你的恐惧感就会消失。如果你的见识广博到足以明了没有任何臆想的东西能伤害到你，那你就不会再感到恐惧了。

勇敢的思想和坚定的信心是治疗恐惧的天然药物，能够消除恐惧。当人们心神不安时，当忧虑正消耗着他们的活力和精力时，无论做什么事情，都是不可能获得最佳效率的，他们是不可能事半功倍地将事情办好的。事实上，有很多非常有成就的人也像一般人那样，一遇到某些情况就会感到恐惧和害怕，不同的是，他们能够想出一套有效的办法来克服它。

所有的恐惧在某种程度上都是与恐惧者自己的软弱和力不从心密切相关，因为此时他的思想意识和他体内的巨大力量是分离的。一旦他开始变得心力交融，重新找到让他自己感到满意和大彻大悟的那种感觉，他将客观地面对眼前的一切。一旦不再有各种的恐惧，人的美好信念和自信都将达到高境界，就不会像以前那样只是梦想着安全和自由，他们的力量和效率将有所提高。

不过，值得欣慰的是，恐惧虽然阻碍着人们力量的发挥和生活质量的

提高，但它并非是不可战胜的。只要能够积极地行动起来，在行动中有意识地纠正自己的恐惧心理，那它就不会再成为人们前进的障碍。

不要轻易发怒

愤怒是一种富于冲动性的情绪，它是由于与愿望相违背或不能达到，并一再受挫而激起的不良情绪。

以下是几种令人愤怒的行为，但这些行为一般很少被人察觉。

（1）有人重复告诉你，你做的事情不对。比方说，老是喜欢挑你的毛病："你上星期不是说很喜欢吗？""我实在不明白你为什么要这样做？"

（2）有人时常提醒你，他帮过你什么忙。

（3）为别人受伤害而愤怒。他老是跟你说别人怎么亏待他，怎么利用他，甚至连亲戚也欺骗了他。他每一次都告诉你这些事情的时候，你听了以后也很生那些人的气，虽然你对那些人束手无策。

（4）有人传播别人反对你的谣言。他先跟你说有个朋友或领导批评你，然后又要你别说出去，他会这样对你说："你不要把我说的告诉他。"在这种情况下，你会很生气，但却毫无办法。

（5）别人不兑现诺言。比如，"过了这个月以后，我一定还你借我的钱。"等等。

（6）坚持要你也有某种感觉。

（7）总是问一大堆问题或提一些要求。

第八章
走出不良性格的迷雾

愤怒情绪是一种消极的情绪，如果这种情绪占了主导，就不能自制，往往容易诱发多种疾病。愤怒情绪极易破坏正常的人际关系，轻则伤了和气、影响团结，重则控制不住自己的理智，闹出不该发生的事来。所以，作为一个理智的人，应该学会克制愤怒。

当面临使你愤怒的人或事时，你可以采取以下策略：

（1）设法拖延愤怒。如果你在某一特定的环境中极为典型地表现出愤怒，那么把愤怒拖延15秒钟，下次设法拖延30秒，不断延长间隔期。一旦你开始意识到你能摆脱愤怒，你就已经学会了控制愤怒。拖延就是控制，经过大量实践，你将最终能够完全消除它们。

（2）在愤怒时提醒你自己，每个人都有权选择自己的生活方式，你要求任何人都应该与你想法一样将只会延长你的愤怒。设法允许别人选择，就像坚持认为你有权这么做一样。

（3）向你信任的人寻求帮助。让他们在看到你发怒时提醒你。一旦你身上出现发怒信号，你就马上想想自己正在干什么，并立即实行推迟发怒的策略。

（4）用日记把愤怒记下，记下确切的时间、地点和令你发怒的事件。认真对待日记，你记下所有愤怒之举。不久之后你就会发现，如果你持之以恒，就能不断提醒自己再遇到类似事件时避免发怒。

（5）在你控制不住情绪而发怒之后，要及时向别人道歉。发怒解决不了任何问题，只能使矛盾加深。要向别人证明：你真的在努力改变自己。

（6）当你不发火时，与那些曾经是你愤怒的接受者好好谈谈。彼此分析最易在别人身上激发愤怒的言行，并想出制止发怒、增进情感的方法。

（7）消除存在于你身上的对别人的期望。当期望消失之后，愤怒也将消失。

（8）爱人如爱己。怀有爱心就不会轻易发怒，倘若你果真如此，那么你绝不会被那种具有自我毁灭性的愤怒所压倒。

以上就是在愤怒时或要发生愤怒时所采取的策略，这些策略可以有效地控制愤怒情绪，使你保持良好的平和心态，笑对生活中的每一天。

第九章
性格优秀的人更容易获得成功

在现实生活中,你也许会看见有的人和你一样的努力和付出,但是他所得到的回报却远远多于你。你认为这是不可改变的命运吗?其实,这都是性格在作怪!一个人只有拥有了优秀的性格,才能走好人生的每一步,因此,培养优秀的性格是十分重要的。

第九章
性格优秀的人更容易获得成功

拥有一颗仁慈的心灵

一个寒冷、漆黑的夜晚，漫天风雪，钱包鼓鼓的购物者正准备回家享受美味的晚餐，商店也正要打烊，而女店员们在站着工作了一天之后是如此的疲惫，她们没有钱坐车，只好拖着沉重的步伐走回家去。

有一个女店员在忙完了一天的工作后，踏着路上的积雪，正急匆匆地往家赶。她看起来是一个纤弱的女孩，穿着极为简陋，她身上那一件薄薄的秋装斗篷根本无法抵挡冬天的寒冷。

有一个盲人坐在人行道旁的小巷子里，面对行色匆匆的路人，默默地卖着铅笔。寒风夹着雨雪敲打在他的身上。他没有穿厚的衣服，他的手虽然瘦如枯柴，但他还是用冻得发紫的手紧紧地握住那些铅笔，潮湿的铅笔上已经沾满了飘落的雪片。

女孩从这个盲人的身边经过，但当她已然走过半个街区时，突然停下来掏了掏自己的衣服口袋，然后掉头往回走。

女孩注视着这个卖铅笔的人好一会儿，当她发现这个盲人真的没有任何表情时，就静静地将一枚一元硬币放入这个盲人的手中，然后继续走她的路。

但是，女孩的脚步又渐渐地慢了下来，接着，女孩停下了脚步，转过身来，疾步走回到那条阴暗的小巷子里，那盲人正半隐在巷子里。女孩俯视着他，柔声问道："你真的看不见吗？"

那盲人抬起头，显现在女孩面前的是他那双毫无光泽的眼睛，他指了指自己的胸口，那里挂着一块灰扑扑的徽章，那是美国联邦军退伍军人的标志。

"对不起，先生，"女孩不好意思地说，"请你把那一元钱还给我吧！"

"哦。"盲人应声掏出了那枚硬币。

女孩拿出自己的钱包，钱包里只有两枚银币。这是她连续几个星期努力工作所得的三分之一，然而却是她现在所拥有的全部财产。女孩将其中一枚银币放到盲人手中，对他说："看在上帝的面上，请你收下，然后回家去吧！在这样恶劣的雨雪天气，你不应该坐在这里。"怀着对这不幸盲人的怜悯，女孩继续走上了回家的路，她希望没有任何人看到她的所作所为。但一种希望他人得到祝福的渴望，可以让人体验到天堂的感觉。

有一个贫妇听说过有关哥尔德史密斯博士伟大人格的事迹，并且知道他曾经研究过生理学。于是，在给哥尔德史密斯博士的一封信中，她强烈地恳请他能帮助自己的丈夫，她的丈夫早已失去了食欲，而且陷入一种非常忧郁的境地。这位好心的诗人很快给了答复，在和这个病人做了一次长谈后，哥尔德史密斯博士发现，这对夫妇被疾病和贫穷包围着。于是，他就告诉这对夫妇，他们将在一小时后听到他的回复，那时他会将他认为最有效的药品寄给他们。哥尔德史密斯博士立刻回到了家，将几枚金币投进了一个木盒子里，并且贴上一个标签，上面写着："必要时使用。要有耐心，要有好心情。"

在美国南北战争的弗雷德里克堡战役中，成百上千的北方联邦军伤兵在正在激烈交战的战场上躺了一天一夜。伤员那折磨人心的呻吟声此起

第九章
性格优秀的人更容易获得成功

彼伏——"水，水，水……"但回答他们的只有枪炮的轰鸣。最终，一个南方的士兵实在无法忍受伤兵们的哀吟，请求长官让他出去给这些伤员送水。长官对他说，如果现在在战场上出现，那将必死无疑。但对那士兵来说，可怜的伤员们的哀号已经淹没了呼啸而过的枪炮声，于是他冲了出去，背负着供水这项仁慈的使命，在遍地的伤员与濒死之人间来来去去。双方军队的视线都被这个勇敢的士兵所吸引。枪声依旧连续不断，他经过了一个又一个的伤兵，缓缓地把伤兵的头抬起来，并将那清凉的水杯放到伤兵干裂的嘴唇边。南方军队的士兵被这一身灰色的士兵的行为震撼住了：为了敌人的利益，他竟然冒着生命危险，他们怀着崇敬的心情暂时停火了。随后，整个北方联邦军也停火了，这是近一个半小时的停战。在这段时间里，这个身着灰衣的士兵跑遍了整个战场，给那些口渴的、身体僵直、痉挛着的、双腿伤痕累累的士兵们送水，他将帆布包垫在伤兵的脑袋下，将大衣与毯子盖在他们身上，就像盖在他自己的兄弟身上那样，十分的温柔。

有一位哲人说："最好的果实是一颗仁慈的心灵，它对坚强来说是柔和，对无法克制来说是容忍，对冷酷的心灵来说是温暖，对厌世来说是乐趣。"

具备无畏的勇气

奥弗格纳城的一个卫戍巡逻战士被困在被包围的城堡中,他不断地对敌人进行射击,从一个窗口换到另一个窗口。而当整个城市的投降协议签署完毕之后,对方要求城堡中的"卫戍部队"也出来投降。然而,令所有人感到吃惊的是,只有一个人走了出来,就是那个"最勇敢的法国第一枪手",而且他还架起了自己的武器。奥地利军队的首脑对着他大叫:"你们整个卫戍部队必须放弃城堡!"接着又问:"你们的部队在哪里?"这个唯一还在守卫城堡的战士骄傲地答道:"我就是!"

意大利爱国者加里波第的统治力量达到了一种惊人的程度。在罗马,他召集了40个志愿者去攻打一个地方,大家估计此去凶多吉少,必定会死伤过半。然而,整个营的战士都向前冲去,尽管要走过很长的路,尽管生死难料,但他们是如此渴望着服从军队的命令,以至于愿意不顾一切地奋勇向前。

任何一个人都不是磁铁,那么到底是什么东西使他吸引别人或被别人吸引呢?通常来说,能做到这一点,要依靠积极的品质——即道德上的勇气和体格上的健壮。

有一位名叫乔治的先生,人们称他为"绅士乔治",他是一位年轻的军官,一位战争作家曾经提到过他。而"绅士乔治"把自己所有的业余时间都花在学习上,他每天还要读《圣经》。军营生活从来都是公共性的,

第九章
性格优秀的人更容易获得成功

他很少会有私人的空间,乔治经常遭到同伴们的嘲笑。有一次在战场上,乔治在敌人火力所及的范围内迅速地冲出去,救回了一位受伤的军官。在这些事件发生后,当"绅士乔治"坐在那儿读他的《圣经》时就再也没有人取笑他了。

拥有高尚品格的人,他能以最不可以动摇的决心来选择正义的事业;他能完全抵制住最不可抗拒的诱惑;他能面带微笑地承受着最沉重的压力;他能以平静的心态来面对最猛烈的暴风雨;他能以最无畏的勇气来对付任何威胁与阻力;他能以最坚毅的个性来捍卫对真理与美德的信仰。

古希腊的大法官亚里斯泰迪斯是以无畏和诚实的美德著称的。当时,地米斯托克利希望把希腊的控制权从斯巴达人的手中夺回到雅典人的手中,为此某一天地米斯托克利在公众集会上宣称,他将提出一个很重要的方案并把所有细节完全公之于众,但对这个方案来说,要获取成功就必须保证它最大的保密性。他提出,希望人们可以选出一个人来代表大家决定这个方案是否可行,他会向这个人详细地阐述这个方案的细节和利弊。人们同意了他的意见,于是就选出了亚里斯泰迪斯来听取他的方案。地米斯托克利把他带到一边,告诉亚里斯泰迪斯他所设想的方案。亚里斯泰迪斯听完这一方案后,回到公众集会场所,向他们宣布,对雅典的利益来说,没有一种方案比地米斯托克利的方案更有价值了;但同时,世界上没有哪一件事比这一方案更不公正,手段更为卑劣。既然亚里斯泰迪斯对这件事情做了这样的表态,公众在匿名表决中就要求地米斯托克利放弃他的计划。

在迅速反驳一个错误时,总是最需要道德上的勇气。当柯尔律治·帕特森主教还是一个11岁的孩子时,他就是一个领导者。他有勇气宣布,如

果在每日晚餐时再唱那些难听的歌曲,他将辞去他的职务,并且不再参加活动。于是,当有一首人们不愿意听到也不愿意唱的歌曲被唱起来时,他和一些人一起站了起来,立刻离开了那间屋子。直到那些唱歌的人道歉之后,他才同意继续做他们活动的小头目。

一个未被玷污的心灵是不容易退缩的。无论何时何地,这一点总是符合事实的。在所有事情上都应该表现出自我节制和公正,比如要保证游戏的公平,要注重礼仪,要谦虚谨慎,只要一贯如此,就会对周围的人产生巨大的影响力。这样,影响到别人,使人们对什么符合公正的看法明显有了变化。所以,道德上的勇气总是在发生着影响。

上帝要求一个人正直、纯洁且慷慨,同时也要求他充满智慧、机敏、健壮而勇敢。

"我把路德当作了一位真正的伟大人物,"英国历史学家卡莱尔说,"在智慧、勇气、情感、品格上,他都非常伟大。他是我们最为敬爱的人之一。他的伟大并不像是一个用石头砌成的高大纪念碑一样,而是如同阿尔卑斯山那样,如此自然而不凡。他并不是为了变得伟大而使自己耸立起来的,他本身的品质还有更深刻的意义。是的,这无法征服的山啊,它向着天空无限地伸展,高耸入云。"

第九章
性格优秀的人更容易获得成功

做一个正直、善良与仁爱的人

在美国新奥尔良的一个大广场上,伫立着一座漂亮的大理石雕像。雕像上有这样几个字:"玛格丽特雕像,新奥尔良。"

在黄热病疯狂蔓延的情况下,玛格丽特活了下来,成为一个孤儿。后来她就嫁人了,但不久她的丈夫就死去了,还有她唯一的孩子也死了。她非常贫穷,也没有文化,除了会写自己的名字外几乎完全不会写字。于是,她就去了女子孤儿的收容所工作。她从早到晚地忙碌,将整个生命都投入到为了这些孤儿的工作中去。每个人都认识她,并且资助她购买运奶的小车和面包烤炉。玛格丽特非常努力地工作着,节省下每一分钱来帮助那些孤儿,并把他们当成自己的亲生孩子。她从来就没有一件丝绸衣服,也没有戴过一双羊皮手套,她长得也不漂亮,但当她离开人世后,这座城市却为这位孤儿的朋友和保护者建造了一座美丽的纪念雕像,作为对一个美丽的、有益的、无私的人的感激。

将自己彻底地放弃,把自己奉献给所有更完美、更纯洁与更真实的事物,这是造就伟大个性的秘密。借助于对所有高贵完美事物的强烈感情,我们对自己的热爱和对生命的感激也会变得更为柔和与清晰,常常以完美作为我们的目标,我们就可以清楚自身所具有的糟粕与不足,并让那些我们无法带入永恒生命的东西随风飘散。这才是一种带有明显个性特征的高尚生活。

性格 影响力

英国作家、牧师查尔斯·金斯利说:"让每一个人都全身心地投入到应该做的事情中去,而不是别的,那么,不久以后,他的脑门将印上某种标记,它显示着所有勇敢坚强的品质,也将显示着高贵的义愤或自我克制,伟大的理想或悲痛,它也有可能是一种殉道者的印记。"

一个关于格莱斯顿的故事,显示了这位了不起的英国政治家的仁慈和胸襟。据说,这是一位先生从另一位牧师那儿听来的。牧师曾经到他的教区里去探望过一个清扫人行道的清洁工,那个人生病了。

"有没有人来看过你?"

"有的,格莱斯顿先生来过。"

"他怎么会来看望你呢?"牧师不由得问道。时任英国财政大臣的格莱斯顿尽管住在这个教区内,但牧师还是不理解他为什么要来探望一个生病的道路清洁工。

"哦,"这个清洁工回答说,"当他路过我打扫的那条人行道时总和我打招呼,当我不在时他还会记得我。他曾经向替我工作的同伴打听我在哪儿,当他听说我生病了,他问了我的住址,将它记在纸上。后来,他就来看我了。"

"那么,他在这里做了些什么?"牧师问道。

"哦,他给我念《圣经》上的话,并且为我祈祷。"清洁工回答道。

对每个人保持高度热忱,并且始终这样去做,格莱斯顿的这种品格是多么伟大呀!事实上,这是一种多么接近耶稣基督的行为啊!

让我们再来看看有没有一个基督徒会比约翰这个重罪犯更有自我奉献的精神。约翰原先是一个品格极为恶劣的人,有一头剪得极短的头发,走起路摇摇晃晃。但后来,在孟菲斯的黄热病灾难中,他向有关机构提出担

第九章
性格优秀的人更容易获得成功

任护理人员职务的要求，但医生最初拒绝了他。

"我想成为护理人员，"约翰坚持着，"先试用一个星期吧！如果你不满意，再把我辞退；如果你觉得满意，再给我付报酬。"

"好吧，"医生说，"我就试着录用你，尽管我认为这样做不对。"然后，那医生又在心里对自己说，"我会时刻盯着他的。"

但是，不久约翰就证明了他根本并不需要任何人监督。几个星期后，他就成为这个英勇团体中最出色的护理人员之一。在这场瘟疫疯狂蔓延的地方，总是有他努力工作的身影。患病的人都非常爱戴他。对那些被命运遗弃的人来说，他那张粗糙的脸简直就是一张天使的脸。

在发工资的那天，他表现得很奇怪。他通过后面的街道走到一个隐蔽的地方，那里放着一个为了黄热病患者所设的救济箱。有人看见他把自己整个星期的工资收入都放进了那个救济箱。不久以后，他也在这场瘟疫中感染黄热病死去了。因为人们从来没有说过他是谁，所以他的尸体被安葬到一个无名者的坟地中。然而，就在这时人们发现了他身上有一块青灰色的烙印，这说明约翰——这个护理人员曾经是一个被定了重罪的犯人。

人生中只有一种追求，这是一种至高无上的追求：就是对美德的追求。爱默生说："美德具有这样一种至高无上的价值，是一伟大的品格力量，在所有价值中它处于最高的位置。"

这些涉及人类高贵品质的小故事是多么相似呀！这些小故事所折射出来的圣洁人格显得多么伟大啊！这种品质，使得一个人能区别于其他人，并且人们自然而然会记录下这些人的名字。这些人始终保持着对人类的爱心，于是，他们就受到了世人的尊敬。

如果一个人的信仰是正确的，那么，这种信仰必然会发展他的能力，

增强他的精力,提高他的自尊,使他的品格变得更为稳固,并且会帮助他获得利益,帮助他开拓成功的前景。在一个灵魂最为崇高的旅程中,正直的品质永远不会被超越,而爱的心灵也永远不会过分。

性格的伟大力量

英国自由教会牧师和作家亨利·德拉蒙德把一种充满仁爱的品质,称为世界上最伟大的事物。如果这种说法是恰当的,那么,在人的个性中体现出来的实实在在的爱,就是世界上最伟大的。而德拉蒙德自己一生的经历,比他曾经创作过的任何作品都更加伟大。他的一生是闪耀着高贵人格魅力的一生。

专门研究德拉蒙德的传记作者乔治·史密斯博士说,当你遇到他的时候,你会发现他是一个举止优雅、衣着得体的绅士,修长的身材、轻盈的体态,走起路来脚步轻快而有节奏,脸上挂着灿烂的笑容,看上去没有一丝的忧愁感,也不知道什么是傲慢和羞耻。当你与他交谈的时候,你会发现,他对你谈的内容满怀兴趣。他会垂钓和射击,他经常打板球;为了看一场烟火表演或者一场足球赛,他不惜长途跋涉。每一次你遇到他时,他都会有新的故事、新的谜语或者新的笑话说给你听。在火车上,他给你讲他喜欢的新故事。在雨天的一个乡村农舍里,他讲述了一种新的游戏,没过5分钟人们就争先恐后地开始玩这个游戏了。在儿童聚会上,孩子们为他巧妙的魔术手法大声喝彩。当还是一个孩子时,德拉蒙德有着男人般的

第九章
性格优秀的人更容易获得成功

气质;当成为一个男人时,他有一颗孩子般的心灵。

认识他的年轻人把他称为"王子"。"在培养友谊方面,他有非凡的才能。"格罗斯教授这样评价他。德拉蒙德得到了人们深深的爱戴。有一个人说,在德拉蒙德死后,他觉得自己似乎必须向他祈祷,祈求他那感化人们向善的力量,能够从天国保佑他。

在德拉蒙德还是一个小孩子的时候,他在板球场上认识的一个名叫马克拉仑的人说:"德拉蒙德对人的影响力,超过了任何其他一个我所认识的人。这是一种神奇的魔力。确切地说,其他人通过言语和行为来影响他们周围的人,然而他却通过活生生的个性一下子就把人给吸引住了。敏感而缺乏浪漫气质的人遇到他,会感到不安而产生抗拒感,就像一个人认出一个魔术师而害怕他的魔力一样。而其他人一见到他就会被他吸引住,对他感到好奇,久久地注视着他,而不愿意移开目光,想象着梦想中的王子降临到了人间。

"在他年轻的时候,他在苏格兰得到了著名牧师穆迪和桑基的帮助;他吸引了年轻人的注意力,并且用通俗易懂的话语,奉劝他们按照虔诚祈祷的母亲们和天国的上帝所说的那样行事;当美国布道离开苏格兰时,人们都聚集在这个安静而虔诚的布道者周围,拥护他们的领袖,这时他还不足23岁。他是一个忠诚的神学家,敏锐地发现了那些在精神世界中同样适用的自然法则;他还是一个思想家,能够用形象的方式把真理讲述得清晰易懂。他还是一个深入非洲荒野中探险的探险家,他根本没有想过要靠一本书来出名,然而却有几十万人在读他的书。在这个时候,他已经在遥远的美国或者澳大利亚继续新的征程了。"

人们是多么迫切地要找到德拉蒙德,把他作为精神的依靠,追随着

他，就像他追随着上帝一样。那么，我们就会问：到底什么是个性？个性是一个人区别于另一个人的所有品质的总和吗？多才多艺就是德拉蒙德主要的与众不同的个性特征吗？不。更确切地说，是多种优秀品质在他身上的一种独特的融合。即使一个人在精神的许多方面都具有很强大的力量，但他却没有一个相当平衡的心态，那么他是不会有巨大感染力的。

不要锋芒太露

过于聪明的人总想让自己才华尽露，殊不知，每个人都可能会遇到一展才华的机会，因而要善加利用。有些才华横溢的人会把微小的才干也显露出来，使它成为自己身上的闪光点，而他们的卓著才能显示出来时足以令人震惊。如果你既有才华又懂得展示之道时，结果一定十分惊人。

我们不应矫揉造作，因为炫耀易流于自大，自大则容易招致轻视。展示也应以谦虚的态度流露，以免流于粗俗。露才过甚，为智者所不屑，应该是无言胜有言，以漫不经心的态度表现出来。巧妙的掩饰是赢得赞扬的最好途径，因为人们对不了解的东西抱有好奇心。不要一下子展露你所有的本领，应该慢慢来，逐次增多。赢得一次辉煌的成功后再进行下一次，获得热烈的掌声后再期待更大的成功。

作为一个有才华的人，要做到不露锋芒，既有效地保护自我，又能充分发挥自己的才华，不仅要克服、战胜盲目骄傲自大的病态心理，更要养成谦虚让人的美德。所谓"花要半开，酒要半醉"，凡是鲜花盛开娇艳的

第九章
性格优秀的人更容易获得成功

时候，不是立即被人采摘去，就是衰败的开始。人生也是如此，当你志得意满时，切不可趾高气扬，目空一切，不可一世，这样你就会远离众人。所以，无论你有多么出众的才智，也一定要谨记：不要把自己看得太了不起，不要把自己看得太重要，不要把自己看成是救国救民的圣人君子。

郑庄公准备伐许。战前，他先在国都组织比赛，挑选先行官。众将一听露脸立功的机会来了，都跃跃欲试，准备一显身手。

第一个项目是击剑格斗。众将都使出浑身解数，只见短箭飞舞，盾牌晃动，冲来冲去。经过轮番比试，选出了六个人来，参加下一轮比赛。

第二个项目是比箭，取胜的六名将领各射三箭，以射中靶心者为胜。结果前四名将领在比赛中有的射中靶边，有的射中靶心。第五位上来射箭的是公孙子都。他武艺高强，年轻气盛，向来不把别人放在眼里。只见他搭弓上箭，三箭连中靶心。他昂着头，瞟了最后那位射手一眼，退下去了。

最后那个射手是个老人，胡子有点花白，他叫颖考叔，曾劝郑庄公与母亲和解，郑庄公很看重他。颖考叔上前，不慌不忙，"嗖嗖嗖"三箭射出，也连中靶心，与公孙子都射了个平手。

只剩下两个人了，郑庄公派人拉出一辆战车来，说："你们二人站在百步开外，同时来抢这部战车。谁抢到手，谁就是先行官。"公孙子都轻蔑地看了一眼对手。哪知跑了一半时，公孙子都却脚下一滑，跌了个跟头。等爬起来时，颖考叔已抢车在手。公孙子都哪里服气，提脚就来夺车。颖考叔一看，拉起车来飞步跑去，郑庄公急忙派人阻止，宣布颖考叔为先行官。于是公孙子都怀恨在心。

颖考叔果然不负郑庄公之望，在进攻许国都城时，手举大旗率先爬云梯冲上许都城头。眼见颖考叔大功告成，公孙子都忌妒得心里发疼，竟抽

出箭来,搭弓瞄准城头上的颍考叔射去,一下子把颍考叔射得从城头上栽下来。

锋芒太露而惹祸上身的典型在古时视为人臣者功高震主。打江山时,各路英雄汇聚一麾下,锋芒毕露,一个比一个有能耐,主子当然需要借这些人的才能实现自己图霸天下的野心。但天下已定,这些虎将功臣的才华不会随之消失,这时他们的才能成为皇帝的心病,让他感到威胁,所以屡屡有开国初期滥杀功臣之事。三国时期,刘备死后,诸葛亮好像没有大的作为,不像刘备在世时那样运筹帷幄,满腹经纶,露其锋芒了。在刘备这样的明君手下,诸葛亮是不用担心受猜忌的,并且刘备也离不开他,因为他可以尽力发挥自己的才华,辅佐刘备,打下一份江山,三分天下而居其一。刘备死后,阿斗继位。刘备曾当着群臣的面对诸葛亮说:"如果这小子可以辅助,就好好扶助他;如果他不是当君主的材料,你就自立为君算了。"诸葛亮顿时冒了虚汗,手足无措,哭着跪拜于地说:"臣怎么能不竭尽全力,尽忠贞之节,一直到死而不松懈呢?"说完,叩头流血。刘备再仁义,也不至于把国家让给诸葛亮,他说让诸葛亮为君,怎么知道没有杀他的心思呢?因此,诸葛亮一方面行事谨慎,鞠躬尽瘁,一方面则常年征战在外,以防授人挟制的把柄。而且他锋芒大有收敛,故意显示自己老而无用,以免祸及自身。这是韬晦之计,收敛锋芒是诸葛亮的大聪明。

深藏你的拿手绝技,你才可永为人师。因此你在演示妙术时,必须讲究策略,不可把你的看家本领通盘托出,这样你才可长享盛名,使别人永远唯你是依。在指导或帮助那些有求于你的人时,你应激发他们对你的崇拜心理,要点点滴滴地展示你的造诣。含蓄节制乃生存与制胜的法宝,在重要事情上尤其如此。

第九章
性格优秀的人更容易获得成功

聪明过头反被聪明误

聪明过了头,自然会被聪明误。例如一个上司精明于深藏不露,喜怒不行于色,固然是上司控制下属的有效手段,但有时做得过了头,不仅不能达到树立威信的目的,反而引起下属的逆反心理,结果适得其反。

民国初年,袁世凯一心想登上皇帝的宝座。他指使党羽大造舆论,一时间谣言四起,劝进者络绎不绝。袁世凯心中暗自高兴,但表面上装得煞有介事,一有机会就向别人表白自己是拥护共和忠于民国的,即使在他的心腹大将冯国璋、段祺瑞面前也是如此。

据说,冯国璋曾专程赶到北京向袁世凯探听虚实。袁世凯装得一本正经:"国璋,你我是自己人,难道你还不懂我的心事?不妨对你明说,总统的权利和责任已经与皇帝没有区别,除非为儿孙打算,实在没有做皇帝的必要。我的大儿子身带残疾,老二想做名士,我给他们排长做都不放心,能够委以国家重任吗?而且,中国的历史,帝王家总是没有好结果的,即使为子孙打算,我更不忍把灾害带给他们。当然,皇帝还可以传贤不传子。但总统同样可以传贤,在这个问题上,总统、皇帝不就是一样的吗?"

冯国璋听后插言道:"总统说的是肺腑之言。可是,将来总统功德巍巍,到了天与人归的时候,只怕要推也推不掉哪!"

袁世凯好像很生气的样子,坚定地说:"不,我决不干这种傻事!

有一个孩子在伦敦读书,我帮他在那里置了点产业。如果有人一定要逼迫我,我就出国到伦敦,从此不问国事。"

冯国璋听了袁世凯如此诚恳的表白,自然也就没有任何疑心了。

然而,冯国璋刚刚离开袁府,袁世凯就气冲冲地回到书房,大骂冯国璋忘恩负义,连声说:"国璋真是岂有此理!"

老奸巨猾的袁世凯向来喜欢部下猜测自己的心思,由于城府过深,连心腹大将有时也难以领会他的真实意图。冯国璋自恃跟随袁世凯多年,他把袁世凯的一番假话当成肺腑之言。但纸是包不住火的,冯国璋刚回南京,活灵活现的帝制机关筹安会便公然通电成立了。冯国璋不禁发火说:"老头子真会做戏!他那里还把我当作自己人!"从此与袁世凯分道扬镳。真可谓"聪明反被聪明误",袁世凯深藏不露,机关算尽,结果只落得个众叛亲离的下场。

由此可见,任何事情都有一个限度。人不能自作聪明,凡事三思而行,总会受益良多。

第九章
性格优秀的人更容易获得成功

小人不可得罪

小人道德卑下，手段无耻，为公理所不容，为千夫所怒指。凡是正常人都看不起小人，但几乎所有的人又都畏小人如洪水、如瘟疫，有时宁愿讨个胆小怕事的骂名，也一定要绕路而行，生怕招惹了小人。小人之所以不可得罪，其原因就在于小人内心深处隐藏着强烈的报复欲望。

我们知道，小人的报复欲望已不仅仅是针对某一个人、某一件事，而是面向公众的一种心理倾向，这种倾向强化了小人对于妨碍其谋利者的打击力度。而同时小人在本质上又是胆小的，他行为方式的不合理、不道德常常令他担惊受怕，他在对别人施以打击、报复之后又时时害怕别人对他也实施报复。为了消除这种忧虑的根源和潜在的威胁，小人注定要连续不断地伤害别人。一般人之所以怕得罪小人，就是怕受到他的打击报复，怕他在打击报复之后仍然像无赖泼皮一样纠缠不休、骚扰不止。一想到这些就免不了让人头皮发麻、手心冒汗。说人们太窝囊、太忍让也罢，说人们太胆小、太神经质也罢，总之人们确实是没有这般时间、这般口舌、这般心力去和小人死缠烂打，正如同偶尔看看摔跤比赛的观众最好别去跟专业摔跤师叫板一样，在想不出更好办法的情况下，还是尽量地躲避着、容忍着小人吧，尽量地不得罪小人。这实际上就是一般人对于小人的心照不宣的想法。

人们说小人不可得罪,首先在于小人会对其现实中或猜想中的敌人毫无顾忌进行打击报复,而人们对于小人的打击报复往往防不胜防,就如同站在舞台上中心的演员无法防备四周黑暗中观众的嘲讽和嘘声一样。俗话说"明枪易躲,暗箭难防",小人对别人的打击报复通常都是"暗箭",他们低劣的品质和伪装的本能决定了这些——连报复别人都不可能光明正大。光明正大有违小人的本性,这样的做事方式会使他产生类似于蝙蝠在白昼一样的不舒服、不适应的感觉——虽然白昼和光明被大多数物种所喜爱所歌颂。而且,小人的打击报复不但来得阴暗,而且不达目的决不罢休,一次不成,小人很快就会酝酿出第二次、第三次,而且来势一定比第一次更阴险更凶猛,你纵有三头六臂也恐怕抵挡不了这层出不穷的折腾。所以,要提醒自己,不可得罪之,更要避之。

"争"与"让"的选择

"争"与"让"关系的选择,可以说常为智者所把握。

商业艺术家费丁南·华伦使用这个技巧,赢得了一位暴躁易怒的艺术品主顾的好印象。

"精确,一丝不苟,是绘制商业广告和出版物的最重要的品质,"华伦先生事后说,"有些艺术编辑要求他们所交来的任务立刻完成;在这种情形下,难免会发生一些小错误。我知道,某一位艺术组长总喜欢从鸡蛋里挑骨头。我离开他的办公室时,总觉得倒足胃口,不是因为他的批评,

第九章
性格优秀的人更容易获得成功

而是因为他攻击我的方法。最近我交了一篇加急的稿件给他,他打电话给我,要我立刻到他的办公室去。他说是出了问题,当我到办公室之后,正如我所料——麻烦来了。他满怀敌意,终于有了挑剔我的机会。他恶意地责备我一大堆——这正好是我运用所学自我批评的机会。因为我说:'先生,如果你的话不错,我的失误一定不可原谅,我和你合作这么多年,实在该知道怎么画才对。我觉得惭愧。'

"他立刻开始为我辩护起来。'是的,你的话并没有错,不过毕竟这不是严重的错误。只是——'

"我打断了他。'任何错误,'我说,'代价可能都很大,叫人不舒服。'

"他开始插嘴,但我不让他插嘴。我很满意,有生以来我第一次在批评自己——我喜欢这样做。

"'我应该更小心一点才对,'我继续说,'你给我的工作很多,照理应该使你满意,因此我打算重新再来。'

"'不!不!'他反对起来,'我不想那样麻烦你。'他赞扬我的作品,告诉我只需要稍微修改一点就行了,又说一点小错误不会花他公司多少钱;毕竟,这只是小节——不值得担心。

"我急切地批评自己,使他怒气全消。结果他邀请我共进午餐,分手之前他给了他一张支票,又交代我另一件工作。"

一个人要有勇气承认自己的错误,也可以获得某种程度的满足感。这不只可以清楚罪恶感和自我卫护的气氛,而且有助于解决这项错误所导致的问题。

艾柏·赫巴是最具独特风格的作家之一,他那尖酸的笔触经常惹起别

人强烈的不满。但是赫巴那少见的做人处世技巧,常常能将他的敌人变成为朋友。

例如,当一些愤怒的读者写信给他,表示对他的某些文章不以为然,结尾又痛骂他一顿时,赫巴就如此回复:

××先生:

回想起来,我也不尽然同意自己,我昨天所写的东西,今天不见得全部满意。我很高兴知道你对这件事的看法。下回你在附近时,欢迎驾临,我们可以交换意见。遥祝诚意。

赫巴谨上

面对一个这样对待你的人,你还能怎么说呢?

其实华伦和赫巴未必有多大的错误,假如有的话,也是非常小的。他们那种精神却是可贵的。承认自己有错让你有些难堪,心中总有勉强,但这样做可以把事情办得更加顺利,成功的希望更大。带来的结果可以冲淡你认错的沮丧情绪。况且在大多数情况下,只要你先承认自己也许错了,别人才可能和你一样宽容大度,认为他也有错。这就像拳头出击一样,伸着的拳头要再打人,必须先收回来才有可能。

我们设想一下,假如你肯定别人弄错了某事,你出于好心直接告诉他,那结果会怎么样呢?假如是一个脾气好的人,也许不会发作,只有干笑几声算了,可心里却不知怎样想,可能对你也没有好印象。要是碰到脾气暴躁的人,肯定马上会指着你鼻子,暴跳如雷,你能得到的是什么呢?

遇到争论时,首先做出让步,这是有礼貌的表示,而不是伤面子的行为。如果执意争吵,只会对双方都造成伤害。因为,快速、真诚地让步,承认自己的错误,那么你与对方的距离就拉近了,在你真诚的同时,他也会真

第九章
性格优秀的人更容易获得成功

诚地待你了。

当我们正确的时候，我们就要试着温和地、有技巧地使对方同意我们的看法；而当我们错了就要迅速而真诚地承认。这种方式不但能产生惊人的效果，而且，在任何情形下，都要比为自己争辩有效得多。

"争"与"让"的区别在于：用争斗的方法，你绝不会得到满意的结果。但用让步的方法，收获会比预期的高出许多。我们每天都生活在社会中，每天都在和各种人打交道，语言的魅力是独特的，有魅力的语言也可以称得上是一种艺术。勇于承认错误就是这语言艺术上的一朵小花，总会在你料想不到的时候散发出智慧的芳香。

喜怒不形于色

喜怒形于色往往是人的情感正常表达，而有些人却喜怒不形于色，他们只是不把喜怒哀乐表现在脸上罢了。在人际交往中，做到这一点很不容易。所以要把喜怒哀乐藏在"口袋"里，别轻易拿出来给别人看。不轻易表露自己的观点、见解和喜怒哀乐，被称为"深藏不露"。有些人喜欢把自己的思想感情隐藏起来，不让别人窥出自己的底细和实力，这样对手就难以钻空子了，否则就容易暴露自己的真实面目。

唐代奸相李林甫口蜜腹剑，惯于隐藏自己的真实意图，城府极深，具有笼络驾驭部下的过人本领。唐玄宗宠信重用安禄山，此人大奸似忠，貌似粗犷，内有计谋。表面上给人一种憨厚忠直的印象，骨子里却狡诈多

端。安禄山想方设法讨取了唐玄宗和杨贵妃的欢心,权位日高,架子也大了起来,渐渐不把朝臣们放在眼里。除了在唐玄宗面前假装恭顺以外,对其他人则是傲慢无礼。

这种情况早被李林甫看在眼里。一天,李林甫召见安禄山。安禄山到李宅之后,长揖拜见,端坐在客位上,显露出一种盛气凌人的架势。李林甫也不动声色,只是用两只小眼睛一动不动地看着他,一句话也没说。安禄山见李林甫目光深邃,咄咄逼人,感到有些不自然,盛气顿时减了一半。这时,李林甫转身告诉下人,去宣召王珙大夫进见。王珙进屋之后,迈着小碎步走上前,规规矩矩地向李林甫大礼参拜,十分谨慎小心,诚惶诚恐。当时王珙在朝廷中的实际地位是仅次于李林甫的第二号人物,从来都和安禄山平起平坐,安禄山见王珙对李林甫如此敬重畏惧,不由自主地感到有些窘迫,虽然没去补拜大礼,但也立刻恭谨起来。王珙走后,李林甫才和安禄山说话。他把安禄山所作所为的意图和心理活动都说得十分透彻,全说到安禄山的心里去了,安禄山大吃一惊,立时汗流浃背。这时,李林甫脱下自己穿着的长袍给安禄山披上,用好话安慰他一番。从此,安禄山虽然经常侮慢别的朝廷大臣,却非常惧怕李林甫。每次来京城,他都要小心谨慎地拜谒李林甫,每次交谈,李林甫都能洞察他的心扉,使他面容改色,汗流浃背。在范阳时,每当有使者从京城归来,安禄山问的第一句话就是李林甫说他什么了,如果有褒扬他的话就满心欢喜,如果有警告他的话就用手摸着额头说:"哦,我可得多加小心,不然,大祸就要临头了。"安禄山怕李林甫竟怕到这种程度。

李林甫晚年与杨国忠争权,杨国忠背后有杨贵妃撑腰略占上风。当时李林甫年老病重已成风中之烛。听说李林甫生命垂危,杨国忠心中暗

第九章
性格优秀的人更容易获得成功

喜。为了探听虚实,就亲自去李林甫家中问候。不知为何,李林甫虽然病容憔悴,但目光还是那么尖锐,杨国忠不由自主地腿软了,"扑通"一声跪倒在病床前。李林甫见状,流下两颗泪珠,说:"林甫就要死了,我死后你就当宰相,以后我的家事就要托付你了。"杨国忠早领教过李林甫的厉害,深知此人狡猾奸伪,惧怕李林甫设计诈骗,所以非常紧张,满头大汗,竟半天不敢说话。由此可见,李林甫城府之深。

事实上,喜怒哀乐是人的基本情绪。对于喜怒不形于色的人,因为你不知道他对某件事的反应,让人面对他时不知如何应对。

培养正直的品格

西蒙·福格是英国《泰晤士报》的总编。每年五六月份,他都要接到一些大学的请帖,要他去做择业就业方面的演讲,因为他曾在寻找职业方面创造过"神话"。

那是他刚从伯明翰大学毕业的第二天,他为了寻找职业南下伦敦,走进《泰晤士报》总经理办公室,他问:"你们需要编辑吗?"

"不需要。"

"记者呢?"

"不需要。"

"那么排字工、校对员?"

"不,都不,我们现在什么空缺都没有。"

"那么,你们一定需要这个了。"福格从包里掏出一块精致的牌子,上面写着"额满,暂不雇用"。

结果,西蒙·福格被留下来,做报社的宣传工作。25年后,他已升至总编的位置。这一美谈见报后,福格就成了各大学的座上宾,每年在学生毕业前给学生们做择业方面的演讲。然而,每次演讲,他总是避而不谈他的求职经历。他讲得最多的是一位护士的故事。

这位护士刚从学校毕业,在一家医院实习,实习期为一个月,在这一个月内,如果能让院方满意,她就可以正式获得这份工作,否则,就得离开。

一天,交通部门送来一位因遭遇车祸而生命垂危的人,实习护士被安排做外科手术专家——该院院长亨利教授的助手。复杂艰苦的手术从清晨进行到黄昏,眼看患者的伤口即将缝合,这位实习护士突然严肃地盯着院长说:"亨利教授,我们用的是12块纱布,可是你只取出了11块。"

"我已经全部取出来了,一切顺利,立即缝合。"院长头也不抬,不屑一顾地回答。"不,不行。"这位实习护士高声抗议道,"我记得清清楚楚,手术中我们用了12块纱布。"院长没有理睬她,命令道:"听我的,准备缝合。"

这位实习护士毫不示弱,她几乎大声叫起来:"你是医生,你不能这样做。"直到这时,院长冷漠的脸上才露出欣慰的笑容。他举起左手里握着的第12块纱布,向所有的人宣布:"她是我最合格的助手!"这位实习护士理所当然地获得了这份工作。

西蒙·福格真是既聪明又用心良苦,他之所以不讲自己的经历,而说那位实习护士,是因为他明白,在寻找工作方面,仅有敏锐的头脑是不够

第九章
性格优秀的人更容易获得成功

的,更重要的是还要有正直的品格。小到一个单位,大到一个国家,它们真正需要的往往是后者。

所以,正直的品性总是为真正的睿智者和成功者所推崇。一个正直的人也不会把自己分成两半,他不会心口不一,想一套,说一套——因实际上他不可能撒谎;他也不会表里不一,说一套,干一套——这样他才不会违背自己的原则。

塑造强者的个性

一个人可能会由于家庭、身体等种种原因而感到失意,但只要他内心深处坚信自己是能够有所作为、干一番事业的,他就会产生战胜困难、向命运挑战的巨大勇气,而他的社会价值,也终会在所从事的事业中实现。18世纪德国诗人歌德,用几十年的时间完成了一部不朽名著《浮士德》。作品完成后,他的秘书请他用一两句话概括作品的主旨,他引用浮士德的话说:"凡是自强不息者,终能得救!"

在通往目标的历程中遭遇挫折并不可怕,可怕的是因挫折而产生的对自己能力的怀疑。其实,挫折并不能证明什么,因为我们是人而不是神,我们不可能十全十美。相反,我们的能力只有在经受了各种各样的考验之后才能得到证实。挫折就是这样一种必须经受的考验,它可以提醒我们去寻找和发现我们自身的不足之处,然后对它们进行弥补和改善。挫折让我们清醒地认识到事情是如何朝着失败的方向转变的,使我们在将来能

够避免因重蹈覆辙而付出更加高昂的代价。

　　此外，挫折还使我们看清了自己在通往目标的道路上一个必须去加以征服的敌人，这个敌人不是别人，就是我们自己。人类最杰出的成就经常是在战胜自我的同时被创造出来的，人类最崇高的目标也经常是在彻底战胜自我的同时到达的。

　　艰难困苦对生活的强者来说，犹如通向成功之路的层层阶梯；而对生活的弱者来说却是万丈深渊。生活告诉我们这样的哲理："在人类的历史上成就伟大事业的往往不是那些幸福之神的宠儿，反而是那些遭遇诸多不幸却能奋发图强的苦孩子。"

　　德国大作曲家贝多芬由于贫困没能上大学，17岁时得了伤寒和天花，这之后，肺病、关节炎、黄热病、结膜炎又接踵而至，26岁起不幸失去了听觉，在爱情上他也屡屡不顺。在这种境遇下，贝多芬发誓"要扼住命运的咽喉"。在与命运的顽强搏斗中，他的意志占了优势，在乐曲创作事业中，他的生命重新沸腾了。